惟创新者胜

大变局中的科技强国之路

郭创伟◎著

中信出版集团｜北京

图书在版编目（CIP）数据

惟创新者胜：大变局中的科技强国之路 / 郭创伟著
. -- 北京：中信出版社，2023.7
ISBN 978-7-5217-5845-0

Ⅰ.①惟… Ⅱ.①郭… Ⅲ.①中国经济－经济发展－研究 Ⅳ.①F124

中国国家版本馆 CIP 数据核字（2023）第 119985 号

惟创新者胜——大变局中的科技强国之路
著者：郭创伟
出版发行：中信出版集团股份有限公司
（北京市朝阳区东三环北路 27 号嘉铭中心　邮编　100020）
承印者：北京通州皇家印刷厂

开本：880mm×1230mm 1/32　印张：10.75　字数：225 千字
版次：2023 年 7 月第 1 版　印次：2023 年 7 月第 1 次印刷
书号：ISBN 978-7-5217-5845-0
定价：75.00 元

版权所有·侵权必究
如有印刷、装订问题，本公司负责调换。
服务热线：400-600-8099
投稿邮箱：author@citicpub.com

目　录

前　言　　　　　　　　　　　　　　　　　　　VII

第一章　科技创新：纵贯人类发展史的"野蛮人"

全球格局的主导力量　　　　　　　　　　　　003
　　全球格局实质："科技-资源"秩序　　　　　　003
　　无限与有限的战争　　　　　　　　　　　　　007
　　终局：科技秩序必然主导资源秩序　　　　　　014

洞察周期：科技的链式进步　　　　　　　　　018
　　康波背后的规律　　　　　　　　　　　　　　018
　　星星之火可以燎原　　　　　　　　　　　　　022
　　撬动机械的杠杆　　　　　　　　　　　　　　028
　　电能引领下的技术爆炸　　　　　　　　　　　036

新秩序的肇始　　　　　　　　　　　　　　046

　　核能：危险的跃迁　　　　　　　　　　046

　　太阳能：无尽的可能　　　　　　　　　051

　　生物质能：未来的应用探索　　　　　　054

　　氢能：潜在的"终极能源"　　　　　　058

第二章　要素之争：人才、资本和数据

创新的经济学逻辑　　　　　　　　　　068

　　供给侧视角下的经济增长　　　　　　　068

　　生产要素是基础性、先导性资源　　　　071

创新之要，唯在得人　　　　　　　　　075

　　相伴而生：科学中心与人才中心　　　　076

　　创新人才的基因：人人都可以成为创新者　080

　　专有土壤：寻找创新人才的基因　　　　085

　　严峻问题：我国科技人才队伍"大而不强"　093

　　如何破解？　　　　　　　　　　　　　097

资本的力量　　　　　　　　　　　　　108

　　资本的不可或缺性　　　　　　　　　　108

我国已经形成多层次的资本市场	117
空间：如何让资本市场发挥更大作用？	124

数据红海 132

细数"数"历史	132
数据：新型生产要素新在哪儿？	135
本土先发优势	145
可预期的乘数效应	150

第三章 机制探索：主体与动力

"创新即天职"——高校与科研院所 162

大学的创新基因	162
科研院所的使命与期待	165
研究之路——人才培养与应用	173
现实：如何打通科研堵点	175

"不创新即死"——企业 183

"公司是最伟大的发明"	183
"有形的手"与"无形的支持"	189
科技创新服务机构价值几何	196

内部孵化与面向市场	207

"让创新发生"——创新的动力机制   210

从新熊彼特理论读懂创新是如何被推动的	210
以开放式创新反熵增	218
"Location.Location?Location!"——区域集群	224

第四章 转化:怎么看,怎么办

打破枷锁   236

从新制度经济学说起	236
《拜杜法案》的诞生	238
科研成果的信息共享	242

成果转化的顶层设计   248

开设专门机构加强管理	248
建设创新生态圈	250
加强科技成果的信息共享	254
再看评价机制	256

国际视野：科技成果走向市场   259

    日本模式——产业技术综合研究所   259

    以色列模式——Yeda、Yissum 和磁石计划   263

    美国模式——SBIR 计划   269

科技成果转化的"卡脖子"问题   272

    "陈果多而成果少"   272

    桎梏在哪里   274

    加速推动科技成果转化   278

第五章　必由之路：伟大复兴和创新驱动的双向奔赴

进行原创性、引领性科技攻关   290

    能量突破：可控核聚变   290

    物质突破：把目光转向宇宙   295

    信息突破：量子通信   299

打造强大的创新要素工场   303

    充分发挥人才引领驱动作用   303

    让资本为科技创新紧密护航   306

    迎接科技创新的数据时代   310

提高科技成果转化和产业化水平　　314
搭建创新策源地　　317
多出"从 0 到 1"的原始创新　　318
降低"风险焦虑"　　320
如何分饼决定了饼做多大　　322

结语　未来已来　　325

前　言

2023年春节期间,《流浪地球2》大火,从太空电梯、行星发动机、星际飞船、阵列核爆月球到仿生智能机器人、仿生外骨骼、量子计算机、全同步同声传译等等,一系列科技元素不仅在视听上给了我们巨大的冲击,而且拓展了我们对科学技术边界的想象。

近年来,大到关乎国运的"芯片之战",小到每个人日夜不离手的手机、平板,远到遥远太空的空间站,近到饭店送餐的机器人,科学技术成了每个国家、每个个体都密切关注的焦点。我们不禁要问,科学技术从哪里肇始?又如何一步步成为决定人类历史进程的关键变量?科学技术的下一个风口在哪里?而对我国来说,科技创新情况的进展如何?面临哪些机遇和挑战?我们将如何击破欧美的技术和产业封锁,在惨烈的国际科技竞争中赢得主动?

历史车轮滚滚向前

一般来说，科学是如实反映客观事物固有规律的系统知识，是对自然现象、客观世界的本质规律的系统性解释。虽然从词源学上讲，science（科学）一词14世纪才进入英语词汇，词义几经进化才达到近代"科学"的含义，但是，科学对人类而言从来不是新东西——对自然万物的冲动和好奇是人类的本能，古希腊哲学家泰勒斯是第一个提出"什么是万物本原"哲学问题，并试图借助观察和理性思维来解释世界的人，提出了水本原说，被誉为"科学与哲学之祖"。在17世纪科学革命前，科学被视为scientia（知道的东西），只是以世界为中心的哲学关注的一部分。

而在近代以前的漫长岁月里，科学和技术是两条平行线，有着完全不同的知识传统，在大部分时间里二者都遵循着各自的轨迹独立发展。当时充满好奇、追求自然规律的多为教士、家庭富裕的年轻人，简言之就是有钱有闲的社会上层人士；而推动技术（比如石器打磨技术、冶金技术、耕作技术、纺织技术等）发展的，多为具体劳作的工匠和农民。在等级森严的封建时代，这两类群体基本没有什么交集。在某种意义上，科学发展并不如技术进步表现得明显，对社会进步的贡献也不是那么大。正如任正非2023年初在深圳坂田总部"难题揭榜"火花奖颁奖典礼上强调的，"科学与技术是两个不同的概念，科学是发现，技术是发明。范内瓦·布什和拉什·D. 霍尔特合著的《科学：无尽的前沿》写得挺好，科学就是无尽的前沿，未知的才叫科学"。

现代科学诞生和科学研究成果开始井喷的时代可以追溯到文艺复兴时期，这场盛大的思想解放运动，不仅揭开了欧洲现代化的序幕，而且缔造了人类对自然认识的新飞跃：通过哥白尼的"日心说"、伽利略的天文望远镜、开普勒的行星运行三大定律，自然从神的束缚下解放出来，自然科学也从哲学和宗教体系中独立出来。随着火药炸毁了封建城堡，指南针打开了西方航路，造纸术和印刷术推动了知识平民化，16世纪中期到17世纪末，以天文学、物理学领域的重大突破和牛顿力学体系建立为标志的第一次科学革命，从根本上改变了人们对世界的认知，从此炼金术不再是魔法、人体不再依靠"灵气"，全新的知识体系和科学理论开始重塑欧洲乃至全人类。在科学成果的刺激下，18世纪中后期，以瓦特蒸汽机和珍妮纺纱机等为标志的一场技术革命在英国兴起，从此整个世界为之一变。在19世纪70年代开始的第二次技术革命中，人们从德国染料企业成立的专门对企业已有产品和工艺革新进行应用研究，以及对相关领域进行纯粹科学研究的基础研究部门身上，看到了科学研究在产业界大规模组织化带来的显著效果，自此，科学以产业为媒介，与技术越来越紧密地联结在一起。20世纪初以普朗克的量子力学和爱因斯坦的相对论为主要标志的第二次科技革命再次突破了人类认识的极限，之后的事情大家也都清楚，日本广岛和长崎上空的"小男孩"和"胖子"让人类见识到了"核"的力量,苏联的"斯普特尼克1号"人造地球卫星开创了空间技术发展的新纪元,爱达法克(EDVAC,一台美国早期离散变量自动电子计算机)带领人类进入计算机时代……

科学从天国到人间不断祛魅、不断世俗化,并给技术插上腾飞的翅膀。人们先是将科学从神的束缚下解放出来,使得科学家成为尘世的职业,在完成这一步后,人们发现还需要把实验室的大门打开,使科学与技术、产业、生活联系到一起并服务人类日常。也正是在这一过程中,人们发现了隐藏在科学技术冰冷物质和繁复计算背后的巨大活力和潜能,新的生产工具接续被发明出来,生产力得到提高、跃迁,人类认识世界的方式被改变、边界被拓宽、思维被重塑,进而带来政治、法律、文学、艺术等方方面面的变化。

"硅对钢的胜利"

当时光的指针被拨回到1947年,美国贝尔实验室威廉·肖克利(William Shockley)和另外两位物理学家共同发明了半导体"锗晶体管",用于取代过去的真空管作为信号放大元件。只是当时,谁也没有想到,这一发明由此引发半导体技术革命,将带领人类进入继石器时代、青铜时代、铁器时代、钢铁时代、石油时代之后的"硅文明"时代,也推动人类社会由"碳基社会"变成"硅基社会",彻底改变世界面貌和地缘政治格局。1991年1月的海湾战争,以美国为首的多国部队轰炸巴格达，通过 38 天的空中打击和仅仅 100 小时的地面部队作战，2 月 28 日就达成停战协议。美国几乎是以摧枯拉朽的速度，迅速取得战争的压倒性优势，第一次向世界展示了"高技术条件下的现代化战争"。由于这场战争中美军使用的诸多高科技武器技术装备所倚赖的核心技术都是半导体芯片，因此后来也被媒体称为"硅对钢的胜利"。

科学技术的至关重要性不仅在于硝烟战火中升起的"蘑菇云"，更在于驱使社会向前的"发动机"。1967 年，著名经济学家威廉·鲍莫尔（William Baumol）在题为《非平衡增长的宏观经济学：城市危机剖析》（Macroeconomics of Unbalanced Growth: The Anatomy of Urban Crisis）的论文中，指出一个经济体中，各部门劳动生产率的增长率通常是不一致的，当存在这种差异化时，生产率增长较快的"进步部门"的工资上涨会同时带动那些生产率增长较慢的"停滞部门"的工资上升，而这种效应会导致"停滞部门"吸引更多的劳动力、形成更大的产出，久而久之，"停滞部门"在整个经济中所占的比例将会越来越高，而整个经济的生产率增长则会因此而降低。据此学者把这一现象称为"鲍莫尔病"。要克服"鲍莫尔病"，很明显，有两种办法，即在限制"停滞部门"发展的同时，加大对"进步部门"的鼓励和支持以提升"进步部门"比例，或者减少"停滞部门"内耗，提高"停滞部门"生产率。但不管是哪种方案，最核心的都是社会生产率的提高。因此，克服"鲍莫尔病"的命题就转化为了如何提高社会劳动生产率。答案就是科技创新，通过关键核心技术突破和规模经济等来提高传统制造活动的效率，通过增加服务要素、创新商业模式的方式，发展服务型制造来提升产品附加值。比如，虽然我们不能把五重奏的人数从五个减少到四个，把一首原本需要演奏两个半小时的乐曲压缩到两个小时演奏完，但是，我们可以依托数字技术，让更多的人看到这场演奏，把观众从区区数百人转变为亿万人，使同样一场音乐会产生的价值实现数百倍甚至千万倍的增长。

科学技术成果从微弱的星火逐步演变为席卷全球的熊熊火焰，不仅将一切禁锢人类的锁链烧毁，而且给人类指出了光明之路。细细回顾人类历史我们可以发现，科技革命大都伴随着科技强国的兴起和世界科学重心的转移，每一次革命都深刻影响了世界政治经济力量对比的变化和各国各民族的前途命运。如今，科学技术的创新，成为科技型企业的核心竞争力，知识经济发达程度的高低已成为各国综合国力竞争成败的关键所在。由此，科技创新成为从政府到社会共同关注的焦点，越来越多的人把对未来的期盼寄托于科学技术创新而不是神的救赎之上。

迭代加速，角逐日盛

我们再来回顾近代以来的科学技术史，蒸汽机从研制到定型投产用了 84 年、电动机为 65 年，原子能从开发到应用耗时 6 年、晶体管为4年、移动电话为4年,激光从发现到应用不足2年。电子计算机自问世以来,30年间已发展至第五代,而微型计算机诞生后几乎每隔两年甚至半年就换代一次。特别是从第一个晶体管发明到如今的几十年间,我们可以直观地看到令我们"如鲠在喉"的半导体芯片制造工艺水平是以一种如此令人目眩的速度在提高。早在1965年,美国仙童半导体公司研究开发实验室主任摩尔就发现了集成电路发展的惊人趋势:每个新芯片大体上包含其"前任"两倍的容量,每个芯片的产生都是在前一个芯片产生后的18~24个月内,也就是说集成电路芯片上所集成的电路的数目,每隔18~24个月就会翻一番,这一趋势也被人们称为摩尔定律。我们可以直观地感受到,科学技术更新裂变和科学技术成果转化的速度是如此之快,并且越来越快,每一批颠覆性技术的出现,都有可能从根本上改变现有的技术路径、产品形态、产业模式,成为重塑世界格局、创造人类未来的关键变量。

当前,新一轮科技革命和产业变革突飞猛进,科学研究范式正在发生深刻变革,学科交叉融合不断深入,先进制造、清洁能源、生态环境等重大创新领域加速发展,深空、深海、深地、深蓝、极地的探索持续刷新人类活动边界,人工智能、生命科技、区块链和5G通信技术孕育新的生产方式。世界各国把科技创新作为赢得主动、占领高地的重要法宝,更加重视利用科技创新培育新的经济增长点,甚至已经不满足于民间的各自为战、各自为王,政府纷纷"入场"参与角逐,即使在美国这样一个鼓吹市场至上、自由至上的国家,也都在穷尽政府之力激活和推动科技创新。如果没有真正拿得出手的克敌制胜的法宝、没有参与或主导赛场建设的能力,中国在国际舞台上的腰杆就挺不起来,就会处处受制于人,实现中华民族伟大复兴也就无从谈起。在2023年新一轮党和国家机构改革中,为突出科技创新在我国现代化建设全局中的核心地位,党中央决定组建中央科技委员会,重新组建科学技术部,进一步理顺科技领导和管理体制、促进科技和经济社会发展。同时,这次改革中,为发挥数字资源、数字经济对经济社会发展的基础性作用,还组建了国家数据局,负责协调推进数据基础制度建设,统筹推进数字中国、数字经济、数字社会规划和建设。

正如习近平总书记所说:"中国要强盛、要复兴,就一定要大力发展科学技术,努力成为世界主要科学中心和创新高地。我们比历史上任何时期都更接近中华民族伟大复兴的目标,我们比历史上任何时期都更需要建设世界科技强国!"[①] 为此,我们试图通过回顾人类科技创新史,对世界上主要发达国家的创新战略和路径进行比较研究,分析科技创新的必备要素和主体,找到占领科技创新高地的密钥和法宝,为我国以创新驱动发展战略推动经济高质量发展提供参考。

[①] 《习近平:努力成为世界主要科学中心和创新高地》,参见:http://www.xinhuanet.com/politics/leaders/2021-03/15/c_1127212833.htm。——编者注

第一章

科技创新

纵贯人类发展史的
"野蛮人"

全球格局的主导力量

全球格局实质:"科技-资源"秩序

在历史学界,有一个非常重要的概念——"漫长的16世纪"。这是著名历史学家布罗代尔提出的。他将1350—1650年的300年时间称为"漫长的16世纪"。而这一长时段的划分,是为了对应当时世界经济的火车头——中国明朝(1368—1644)在世界史上的辉煌地位。而"漫长的16世纪"的结束也意味着世界历史进入了全新的时期,全球化的经济贸易体系不断完善、民主理念深入人心、少数文化日渐凋零。世界中心也从东方转向西方,中国也由世界历史和世界经济的"火车头",一度"沦落"为世界体系的边缘。

费尔南·布罗代尔、伊曼纽尔·沃勒斯坦和乔万尼·阿瑞吉等历史学家的著作生动描述了1500年以来这一世界"资本中心"漂移和变迁的历史:首先是热那亚(放债给西班牙)、威尼斯(放债给荷兰),其次是荷兰(放债给英国)、英国(放债给美国),最终则是美国以武力与金融垄断剥削全世界的当代统治结构之形成。

实质上，如果我们把16世纪末以来世界经济的发展看作一场全球博弈，那么这种博弈的目标，就是全球经济贸易活动的参与者要在全球性的经济结构中争取中心位置。

在中心位置上的霸主，一方面以低价获取产业上游资源国的能源和人力要素供给，另一方面向全球输出其极具市场竞争力的产品，从而同时做到成本最优化和销量最大化，最终实现利润最大化和资本不断积累。超额的资本积累再进一步投入科技创新之中，不断巩固产业领先优势，牢牢占据高附加值环节，稳稳守住资本积累中心的位置。同时，资本积累也被源源不断地投入强化军事力量和加强金融垄断之中，实现对全球各个国家的主导。这是过去500年来的世界政治经济的典型格局，从大航海时代的殖民扩张模式，到当前的俄乌冲突和中美博弈，莫不如此。

一旦有资源供给国试图对抗中心国家的意志，或者希望通过不断发展也进入中心国家行列，必然会受到中心国家以军事和金融为主要手段的猛烈遏制。近年来，作为能源供应大国的俄罗斯，原本希望以丰富的能源资源与欧洲的科技和工业制造能力相互成就，实现国力的进一步跃升，摆脱廉价资源国的位置。但在美国的视野里，俄欧的紧密结盟，会让欧洲政治和经济一体化有了支撑，让俄罗斯的发展有了筋骨，直接冲击美国的中心国家地位。因此，美国决定持续施压，通过持续煽风拱火，推动北约不断谋求东扩、挤压俄罗斯战略安全空间、煽动俄乌边境种族冲突，直至引爆乌克兰危机，以借机从军事和金融两方面对俄罗斯进行打压。

乌克兰危机可以说是美国对俄的"代理人战争"。自危机爆发以来，仅美国在19个对乌军事援助计划中承诺的金额就达到136亿美元。据路透社报道，自2022年2月俄乌冲突爆发以来，到2023年1月，美国已累计承诺向乌克兰提供超过274亿美元的军事与安全援助。在军事装备上，美国直接提供了1400套"毒刺"防空系统、5000枚"标枪"反坦克导弹、7000件其他型号的反坦克武器、几百架"弹簧刀"自杀式无人机、7000支突击步枪、5000万发子弹和其他弹药，激光制导火箭、"美洲豹"无人机、反炮兵和反无人机雷达、轻型装甲车和安全通信系统，以支持其和俄罗斯长期对抗。

除了军事干预，以美国为代表的西方社会对俄罗斯实施的经济金融制裁不断加码。实际上，2014年克里米亚危机以来，西方先后对俄罗斯实施了近100轮的经济金融制裁。俄乌冲突爆发后，美国、欧盟、英国和日本相继宣布对俄罗斯实施金融制裁，制裁手段包含冻结俄资产、将俄金融机构排除在全球金融体系之外并阻止其获取美元等。随着乌克兰局势进一步恶化，金融制裁措施再度升级，美国与欧盟、德国、法国、英国、意大利、加拿大领导人决定将部分俄罗斯银行排除在环球银行间金融通信协会（SWIFT）系统之外，并对俄罗斯央行实施限制措施。

同时，欧美等国家和地区的企业、民间组织也迅速挥舞起"制裁"大棒，全方位孤立打压俄罗斯。随着俄"特别军事行动"的推进，"制裁"清单越拉越长，"去俄化"的角度也越来越清奇，甚至连柴可夫斯基的音乐在西方都不能演出，俄罗斯的猫也被西方宠物界的国际组织制裁。据耶鲁大学统计，目前已有超300家公司宣布不同程度地暂停在俄业务和投资活动，涵盖能源、航空、汽车、零售、制造、金融、餐饮等多个领域。

让我们把目光转回脚下的祖国大地。

曾几何时，所谓的"人口过剩"是我国的巨大压力。尽管在中国加入WTO（世界贸易组织）之前，数亿人口已被认为是"红利"，但在完成必要的教育、建立起具有流动性的劳动力市场、出现足够多的就业机会之前，这些"红利"却是实实在在的人口压力，体现在粮食、资源、就业保障等方方面面。

这一情况在中国加入WTO之后发生了巨大改变。先发国家（尤其是其跨国企业）需要更多的海外廉价劳动力和新兴市场机会，中国则需要足够的海外需求所带来的生产性就业机会。中国的"人口红利"成为中国与欧美经贸关系真正的"压舱石"；中国的"人口红利期"，变为中国与欧美真正的"蜜月期"。但随着中国难以逆转的快速老龄化，曾经让中国产品不断变得更便宜的那些因素正在消失，这也意味着压低先发国家基础生活品通胀的基础条件也在远去，由此中国与欧美的"蜜月期"也就一去不复返。

与此同时，中国的科技进步正在不断侵蚀欧美国家中心地位的根基。正如瑞士信贷的经济学家佐尔坦所说："中国依靠生产便宜商品而致富，然后想要在全球范围内建立5G网络，并使用尖端光刻机制造尖端芯片，但美国的回应是'没门儿'，于是中美合作关系走向破裂，双方就像离婚的夫妻那样不再对话。"这意味着，"科技-资源"的全球格局下，中美缠斗冲突难以避免。

话说天下大势，分久必合、合久必分。和风劲吹的时代已经过去，凛冬将至成为一段时间内可预见的历史必然。我们只能迎难而上，因为任何逆流都阻挡不了大江东去。

无限与有限的战争

"赢麻了"

2022年9月6日，欧洲水泥、玻璃、钢铁、化肥、矿业、化工等12个能源密集型行业的行业协会共同发布致欧盟委员会主席冯德莱恩的公开信，指出气价、电价的上涨不仅通过通胀影响消费者，也将使天然气和电力的工业用户遭受毁灭性的打击，对许多能源密集型行业而言，当前在欧洲已经没有任何继续生产的商业可行性，也没有进一步投资的可能性。相关产能的关停，开始对价值链产生严重影响，危及欧洲工业基础和基本产品的供应。

大西洋对岸，随着寒冷天气的到来，纽约人也不得不仔细查看他们的水电费账单。爱迪生联合电气公司已经通知客户，更高的成本价格意味着2022年冬天的电费会增加。而据媒体预测，纽约居民的电费可能会比上年高出约22%，而煤气费可能会比上年高出32%。

资源价格高企让科技发达的欧美国家尝尽苦头，也让资源大国赚得盆满钵满。沙特统计局（GASTAT）2022年7月31日公布的数据显示，2022年第二季度，沙特GDP（国内生产总值）的实际增长率为11.8%，创2011年以来最高季度涨幅纪录。数据显示，这受益于油价上涨等因素——期内沙特非石油国内生产总值增长了5.4%，而石油国内生产总值猛增了23.1%。彭博社评论称，沙特创纪录的GDP增长表现，受益于能源价格上涨，以及俄乌冲突对全球贸易、生产和消费模式的改变。

资源大国貌似"赢麻了"，资源秩序貌似占据了上风，但这一切真的可持续吗？资源秩序能够战胜科技秩序成为全球格局的主导吗？

有限的资源禀赋

1776年，亚当·斯密在《国富论》中写道："经济增长不会无限制地进行下去，最后，会由于自然资源的匮乏而告终。因为，一个国家一旦将它的土壤、天时和地理位置的潜力充分发挥之后，就无法再前进了，但也不会后退，不过这时的工资和利润都可能非常低。"这段话，是经济学家关于"资源有限"较早的论述。

十几年后，一位默默无闻的英国牧师出版了一本小书，描绘了英伦三岛人口膨胀的可怕前景。他名叫马尔萨斯，那本书便是后来声名远扬的《人口原理》。《人口原理》描绘了这样一种历史循环：生产按照算术级数增长，人口则是几何级数增长，也就是说，人类生孩子的速度要远远快于生产增长的速度。当人口增长超过粮食、土地等生活资料供给时，老百姓生活水平下降，生活资料变得供不应求，疫病、饥荒、战争等天灾人祸随之爆发，以极其粗暴的方式缩减人口数量，调整实现资源供求的再平衡，之后，又开始新一轮的人口增长和衰减，不断循环往复。这就是著名的马尔萨斯陷阱。

20世纪后期，推出"世界末日"模型的罗马俱乐部，比马尔萨斯更加悲观。1972年，美国经济学家梅多斯等人合作出版了《增长的极限》，他们断言，由于地球资源有限，"只要人口增长和经济增长的正反馈回路继续产生更多的人和更高的人均资源需求，这个系统就会被推向它的极限——耗尽地球上所有不可再生的资源"，并且发出警告：随着资源耗竭、粮食短缺、环境污染，人类社会将发生难以避免的"崩溃"。如果人口、工业化、资源使用和污染的增长趋势保持不变，我们将达到并在未来某个时候突破地球的承载能力。这本书与美国生物学家埃利希的畅销书《人口爆炸》的观点十分接近，都是宣称地球上资源有限，人类正在毁灭性地消耗地球上的资源,人口增长将使资源耗尽,如果政府不采取有力措施,人类将面临犹如原子弹、氢弹爆炸那样可怕的毁灭性灾难。"人口爆炸论"因此而得名。

先不论两种观点是否正确,但它们都有一个共同的前提:资源是有限的,供给是有限的。新古典经济学把整个经济运行看成一个"生产函数",即 Y=F(x),x 就是指资本、劳动力、原材料等生产要素,是函数的自变量,Y 就是经济增长的结果。也就是说,要素投入可以促进经济增长。但是,仅仅依靠要素投入,这种经济增长是不可持续的,主要原因在于,要素资源都是稀缺的,要素投入不可能无限增加。

比如,廉价劳动力方面,过去,我们有源源不断的新生劳动力和农业富余劳动力,大量青壮年从农村到城市,变成产业工人,为我国经济发展提供了大量的人口红利,劳动力成本低是我们最大的优势。现在,人口老龄化程度不断加深,劳动年龄人口总量下降,农业富余劳动力减少。从 2022 年开始,我国人口进入负增长阶段,而早在 2011 年,我国 15~59 岁劳动年龄人口就已经达到峰值 9.4 亿人,并约以每年减少 1000 万的速度下降。第七次人口普查数据显示,2021 年与 2010 年相比,15~59 岁劳动年龄人口减少 4000 多万,这一趋势还将持续下去。

矿产资源则更加稀缺,矿产资源挖一点就少一点,用一点就少一点,不可再生。2022 年 9 月,俄政府批准新版稀缺战略性矿产资源清单。与 1996 年旧版清单相比，矿物种类从 29 种增至 55 种，新增氦、磷酸盐、锌、稀有金属、稀土金属、钾盐、地下水、石墨等。我国也很早就认识到这个问题，比如稀土行业，在 1998 年开始启动配额制度，2000 年前后开始推动稀土企业整合，2021 年国务院整合中国铝业集团有限公司、中国五矿股份有限公司、中国钢研科技集团有限公司、中国有研科技集团有限公司、赣州稀土集团有限公司的稀土矿产加工业务，成立了中国稀土集团有限公司。

更为重要的是，土地、资本、劳动力等要素面临边际效用递减，无法成为可持续的增长源泉。边际效用递减，是指在其他条件不变的情况下，如果一种投入要素连续等量增加，增加到一定数量后，其收益的增量就会下降。2021 年，我国城镇化率为 64.7%，城镇化进入中后期，增速将放缓，房地产、基建等资本形成的传动驱动力将逐步弱化，资本存量增速可能阶梯式下滑。从数据上看，2014—2021 年，基建、房地产的投资增速分别从 20.3%、10.5% 下降到 0.2%、4.4%。与此同时，我国增量资本产出率上升趋势明显，2019—2020 年两年平均高达 12.5%，较 2011 年上涨 6.5 个百分点，也就是说，形成单位 GDP 所需的资本量增加近 1 倍。

前几年，我们经常听到某一产业产能过剩，亟须去产能。这是为什么呢？简单说，就是资本的边际回报为零，甚至为负值

（需要付成本来清理过剩的产能）。在1929—1933年大萧条的年代里，美国发生的将牛奶倒入河中、把牲畜沉入海里的事情，便是资本回报率为负的一个实例。20世纪90年代，著名经济学家克鲁格曼在研究了"亚洲四小龙"的增长奇迹后，发现其经济增长主要靠要素投入，因此做出了"亚洲无奇迹"的著名论断，并预言"亚洲奇迹"难以持续。

无限的创造力

量子理论之父普朗克曾在他的自传中写道，富于创造性的科学家必须具有"一种对于新观念的鲜明的直觉想象力，它不是依靠推论，而是依靠艺术家的创造性的想象而产生出来的"。从小我们就对爱迪生的名言"天才是百分之一的灵感加百分之九十九的汗水"耳熟能详，但是这句名言并不完整，后面还有半句话，就是"但那百分之一的灵感往往比百分之九十九的汗水来得重要"。很简单，生活中，被空中坠落的东西砸中是一件再平常不过的事情了，但是只有牛顿通过那颗坠落的苹果发现了万有引力。又如，瓦特看到水沸腾时蒸汽顶起壶盖后点燃了改良蒸汽机的思维火花。

科技创新的能量源泉是人的创造力。新概念、新理论、新技术、新设备、新方法无一不是源自创造力，这些正是科技创新的关键所在。

当进行一项创造活动时，我们首先会收集有关信息、提出问题，紧接着会对问题进行思考，这种思考有时是刻意的有意识的，有时也会是无意的下意识的，我们会通过直觉和顿悟形成可能的答案，再用逻辑来检验其正确性。事实上，大多数创造性工作，要求直觉思维和逻辑思维有效协作，在大量的凭理智行事的领域中，创造性的突破都是直觉的结果。

从人类学的角度看，创造力是产生新思想、发现和创造新事物的能力，是人类特有的一种综合性本领，由知识、智力、能力及优良的个性品质等复杂因素综合优化构成。我们知道，人类的大脑是由左右两个形状对称但功能迥异的半球组成的，左脑支配右侧身体的神经和器官，是理解语言的中枢，主要负责分析、推理、数学等条理化思维，即逻辑思维，而右脑支配左侧身体的神经和器官，负责可视的、综合的、几何、绘画等思维，即直觉思维，左脑与右脑之间的这种分工与协同，正是创造力的真正基础。

我们的思维、想象力、创造力是依附于躯体但又超脱于躯体的，在个体生命存在期间，有时即使身体出现了生病等各种状况，思维也会无限制运转。进而，尽管囿于个体生命终结，个体创造力会枯竭，但是当作为人类的存在物时，创造力就会随着人类的繁衍而绵延不绝。

由此，我们可以得出结论，人类的无穷创造力造就了科技创新的无穷动力，造就了科技秩序的无限能量。

无限与有限的战争，结局早已注定。

终局：科技秩序必然主导资源秩序

纵观全球风云变幻的历史，一些国家凭借科技的蓬勃发展克服了资源贫瘠的制约，走向世界舞台中心，而还有一些"含着金汤匙出生"的幸运儿，却遭受"资源诅咒"，落入增长陷阱，陷于"富饶的贫困"。历史反复证明了科技秩序主导资源秩序的强大能力，无限与有限的战争结局在不断重演。

威斯特伐利亚时代至今，科学进步和技术革新不断催化主权国家的经济实力和权力对比发生变化，推动国际政治版图变迁。17世纪后，英国的艺术、人文和科学相互渗透、彼此交融，物理、化学等领域取得重大研究突破，引发了18世纪中后期至19世纪中期的第一次科技革命。其间，蒸汽动力技术多次革新并投入生产实践，促进了英国纺织业、煤炭冶金业与交通运输业的蓬勃发展，使英国成为"世界工厂"，并率先开启蒸汽动力铁甲舰时代。随着维也纳会议的召开，以英、俄等国为首的维也纳体系在欧洲大陆正式形成，英国重新控制了欧洲，并达成了欧洲各方势力均衡。19世纪60年代至20世纪40年代，第二次科技革命在德国、美国、日本多点开花。以德国为代表，动能的转换与内燃机、电机的发明极大地提升了工业生产效率，德国国家经济实力显著增强，并彻底转变为以工业为主体的经济形态。随后德国加速推进以殖民主义与海军扩张主义为核心的"世界政策"，争夺世界霸权。力量对比改变打破了原有的均势格局，维也纳体系开始松动，新强国要求重新瓜分世界，后续引发了战争。二战结束后，欧洲受到严重削弱，新独立的发展中国家处于建设初期，而美苏军事实力壮大、两极均势，由此形成了雅尔塔体系。以原子能、电子计算机、空间技术和生物工程等科学发明和技术应用为主要标志的第三次科技革命在美苏两极对抗的背景下逐步展开，科技创新、军备竞赛微妙地平衡着两极均势秩序，支撑美苏开展各自道路的建设实践。随着东欧剧变、苏联解体，冷战结束后的美国依靠强大的综合国力称霸全球，建立了美国主导的霸权秩序。在后冷战时期，全球化发展步伐不断加快，资金、人员、信息跨境流动，跨国公司、国际组织等超国家行为体推动了知识技术的共享、传播、扩散和使用，以算法程序和数据等数理运算方法与逻辑理论发展为根基、以信息技术和生物技术为代表的第四次科技革命广泛兴起，新兴国家科技实力与综合国力崛起，全球多极化趋势愈发清晰。

在此过程中，自然资源又扮演了何种角色？自然资源是重要的生产要素，良好的资源禀赋可以助力国家工业化起步，成为发展初期的增长引擎。例如，丰富的煤炭和矿产资源为英国开启第一次科技革命打下良好基础，德国、美国的工业化也发轫于资源较为丰裕的鲁尔地区、五大湖流域。

然而，资源优势既不是保障国家进入全球秩序前列的充分条件，也非必要条件，甚至可能掣肘发展。从时点上看，资源丰裕的非洲国家和资源贫乏的瑞士、日本发展迥异,盛产石油的印度尼西亚、委内瑞拉和资源贫瘠的东亚新兴经济体差异巨大,类似情况不胜枚举。从时序上看,根据杰弗里·萨克斯(Jeffrey D. Sachs)、安德鲁·华纳(Andrew M. Warner)和理查德·奥蒂(Richard M. Auty)等人的理论研究,20世纪60年代至90年代的30年间,自然资源匮乏国家人均GDP增速是自然资源丰裕国家的2~3倍,且两类国家的经济增长率差距还在不断扩大。以拉美国家为例,其石油、煤炭、水力、地热资源丰富,农牧业禀赋优越,曾是第三世界中工业化发展的领先者。然而,这些"天赋异禀"的经济体很多增长后劲不足,在人均GDP达到3000~10000美元后即增长停滞,数十年陷于"中等收入陷阱"。与之形成鲜明对比的是,资源禀赋并不优越的新加坡、韩国等新兴经济体,用很短的时间即跨入高收入行列,创造了奇迹,在国际上占据一席之地。

学术理论研究也已经证明"资源诅咒"的存在,即缺失了技术革新和制度保障,丰裕的自然资源极可能变为甜蜜的陷阱,使经济体困于资源依赖型增长模式,难以转型升级发展成真正的富国强国。

总结起来,科技秩序必然主导资源秩序:科学进步和技术创新促进一国生产效率、劳动者产出水平、经济产出总量和成本竞争力的提升,使一国世界贸易份额扩大,发展出世界领先的金融中心，更加注重军事投入，军事实力增强；在经济、军事、文化等多种要素综合支撑下，该国货币开始具备做储备货币的基础条件，该国构筑起挑战世界秩序的能力。其中，创新和技术进步如同披荆斩棘的利刃，可以帮助化解发展中的诸多问题，其中就包括资源约束。一方面，生产技术、工艺的突破可能带来产能利用率的提升，降低资源依赖度；另一方面，创新引发财富增长，进而通过贸易交换可获得更多的外部自然资源，从而打破资源约束瓶颈。

当前，世界正经历百年未有之大变局，国际格局和国际体系正在深刻调整，全球治理体系正在发生深刻变革，国际力量对比正在发生近代以来最具革命性的变化。

太阳底下没有新鲜事。科技创新主导全球秩序的规律依然成立，由信息技术、生物技术、新能源技术等新技术支撑的新一轮科技革命与产业革命，势必主导国家综合实力对比变化和国际秩序调整。

如何把握未来的科技发展趋势，成为我们面临的关键命题。

洞察周期：科技的链式进步

察"势"者智，驭"势"者赢。

谁把握了科技发展趋势，谁就占据了全球格局的"先手优势"。但是，科技创新如满天繁星，其发展趋势是否真的有规律可言？

康波背后的规律

近年来，"人生发财靠康波"成为网络热门话题，其提出者中信建投原首席经济学家周金涛更是被誉为"周期天王"，他生前的著作《涛动周期论》出版后，一时洛阳纸贵。

康波，全称为康德拉季耶夫长波周期，是学术界公认的五大经济周期理论之一。早在19世纪的工业革命时代，经济学家就发现经济的波动存在周而复始的现象。1862年，43岁的法国人克里门特·朱格拉提出了以10年为单位的朱格拉周期，他认为受设备投资驱动，供给和需求会按周期往复波动。此后，美国经济学家约瑟夫·基钦和西蒙·库兹涅茨分别通过观察工厂存货波动和建筑业兴衰，提出了长度为40个月和20年的短周期和中长周期。1925年，苏联经济学家、曾参与苏联第一个五年计划制订的康德拉季耶夫发表了《经济生活中的长期波动》，提出了当前最为知名的康波周期，康波周期的平均长度为53.3年。在前人研究的基础上，经济学家熊彼特提出了综合性的周期理论——1个康波周期包含6个朱格拉周期，而1个朱格拉周期则包含3个基钦周期。

乍看起来，康波周期与唐代贞观年间的推背图类似，均带有人类推算未来的玄学色彩。但实质上，康德拉季耶夫已明确指出，长波经济周期就是科学技术周期。他将科学技术分为科学原理、技术原理和应用技术三个方面。当划时代的科学原理出现时，一系列技术原理会随之产生，相关企业会将技术原理转化为最终产品，比如电力取代蒸汽动力。大的萧条期会促使新的科学原理和技术原理产生，再带动新的应用技术产生、新的创新产品出现，经济开始重新繁荣，当新的科学技术红利消耗殆尽，经济就会进入新一轮的萧条期。

表1-1 世界经济史上的五轮康波周期

长波周期	繁荣期	衰退期	萧条期	回升期	标志性创新技术
第一轮（50年）	1782—1802年（20年）	1815—1825年（10年）战争：1802—1815年	1825—1836年（11年）	1836—1845年（9年）	蒸汽机

（续表）

长波周期	繁荣期	衰退期	萧条期	回升期	标志性创新技术
第二轮（47年）	1845—1866年（21年）	1866—1873年（7年）	1873—1883年（10年）	1883—1892年（9年）	钢铁、铁路
第三轮（49年）	1892—1913年（21年）	1920—1929年（9年）战争：1913—1920年	1929—1937年（8年）	1937—1948年（11年）	电气、重化工业
第四轮（43年）	1948—1966年（18年）	1966—1973年（7年）	1973—1982年（9年）	1982—1991年（9年）	汽车、计算机
第五轮（预计42年）	1991—2004年（13年）	2004—2015年（11年）	2015—2024年（预计9年）	2024—2033年（预计9年）	信息技术、人工智能

部分资料来源：《涛动周期论》（周金涛等编著）

按照康波周期理论，从1782年至今共出现了5轮康波周期，众所周知第一轮康波周期发源于英国，以纺织和蒸汽机技术为代表，直接促成了"日不落帝国"的伟大成就。第二轮康波周期以钢铁和铁路为代表，在这个周期中实际上世界工业的中心就已经从英国以及欧洲大陆转移到了美国，当时世界一半的铁路在美国。第三、四轮康波周期的代表国家都是美国。1896年美国的工业总产值超过了包括殖民地在内的英国，18年之后，GDP也超越了英国。美国引领了这两轮康波周期。第五轮康波周期以信息技术为引领，中国也在这一过程中实现了历史性的发展。

无疑，每一轮康波周期都有一个主导国家把握住了科技发展的趋势，充分享受了技术进步带来的经济红利，实现历史性的跃迁和崛起，改变了全球格局。

当前，我们正处于本轮长周期的萧条-回升周期的转换阶段，但在数据资源和超能算力的澎湃驱动下,我们看到了ChatGPT等人工智能通用大模型为未来智能世界带来的无限可能。智能革命是否有望开启新一轮的康波周期,让我们拭目以待。

但是,洞察科技发展的趋势,把握康波背后的规律谈何容易。当今的科技世界纷繁复杂,若想对科技发展趋势有前瞻性的理解和判断,我们不能沉浸在科学技术的细节之中,而必须回归第一性原理,回归世界发展的本质要素,回归科技发展史。正如亚里士多德所言:"每个系统中存在一个最基本的命题,它不能被违背或删除。"

将第一性原理应用于人类历史,我们会发现每个生命体的运行,无不依赖于两件事:一是新陈代谢,二是信息遗传。前者涉及能量和物质与环境的交换,包括能量和物质的获取、转化、分配,用于生存、增长和繁殖;后者则涉及信息的解码,包括基因的复制、转录、翻译等,二者共同作用以维持生命运转。如果将视野从人放大到整个宇宙,按照分形理论,宇宙作为"生命体"的无限放大版,也将遵从同样的规律。

当科技面对历史的镜子,我们能清晰地看到能量、物质、信息这三条脉络的互相交织,共生发展,推动科技不断进步。自人类学会用火之后,利用更高效的能量让人类得以利用更丰富的物质材料,而对新物质的开发使人类研发出更高效的信息传递方式。信息的高效传递与累积推动了知识的交流互动和理论研究的进步。

知识的进步又让人类尝试去利用更高效的能量，从而产生链式反应，推动新物质和新的信息传递方式的出现。这构成了永不停息的科技链式进步周期。

星星之火可以燎原

火是科技链式进步周期的起点，是人类对能量利用的第一次跃迁，也是人类文明和科技发展的起点。对火的充分利用让人类能够将掌控的温度提升到1000摄氏度以上，从而掌握了冶炼铜和铁等金属的技术，逐渐摆脱对人力的依赖。

进而，对金属冶炼技术的掌握让人类得以利用铅、锡、锑等合金制成铅字，发明活字印刷术使真正的大规模书籍印刷成为可能。从此，人类信息交流、保存、积累和传播的成本大幅降低，并突破时间和空间的限制，推动信息和知识开始大规模代际传承，也使知识大范围传播成为可能，启蒙的思想也才能传播到世界的每个角落。

火的利用：链式进步的起点

诸多神话故事的开端，都伴随着火种的出现，著名的有：希腊神话普罗米修斯盗取火种给人类带来光明，中国火神祝融的传说、燧人氏钻木取火等。

人工取火发明之前，人类所用之火多是雷电引燃树木和火山喷发引起的自然界中的火。后来，原始人类由打制石器时燧石（火石）发出火星，创造了击石取火；由磨制石器时石块发热，创造了摩擦取火，并逐渐学会了钻木取火，完成了从利用自然火到利用人工火的重要转变，正式步入"柴薪时代"。

钻木取火是人类在能量转化方面最早的一次技术革命，对人类进步具有决定性意义。钻木取火之后，人类在取火方式上出现过几次重大突破。青铜时代，出现了"阳燧取火"，即利用一个铜锡合金的圆形凹面反射镜，将其面向太阳，将易燃物放于凹面的反射焦点处，几秒至十几秒钟，易燃物即被点燃，这样，人们可以更方便、更迅速地利用太阳能得到火种；战国时期至汉代，人们发明了火镰取火，使火在烧陶、冶炼、农业、医学、军事等各个方面得到了广泛应用。

铜铁冶炼：人类对物质利用的首次突破

在今天看来，物质的划分是非常精细而清晰的。1869年，俄国化学家德米特里·伊万诺维奇·门捷列夫（Dmitri Mendeleev）总结出的元素周期表为我们勾勒出了基本化学元素的自然体系，而这些元素的排列组合又进一步构成了我们熟悉的无机物和有机物。但对石器时代的人类而言，物质是非常简单而乏味的。石头、木棒、兽皮等粗制易坏品是生产生活中的主要器件。至于我们已经习以为常的金属制品等则是他们难以想象的物质。

对于新石器时代的人类来说，冶炼青铜的核心技术难点在于温度。冶炼青铜的温度需要达到800多摄氏度，而冶炼黄铜则需要达到900多摄氏度，到了春秋战国时期，炼铁技术出现，冶炼铁的温度更要达到1300摄氏度以上。随着对"火力"能量的熟练掌控，在进入公元前4000年之后，人类终于首先具备了冶炼青铜的能量条件，并逐步能够冶炼铁器。

铜铁等金属物质的利用使得人类的生产力极大提升，人均产生能量从每天7000~11000千卡上升到11000~17000千卡，增长了50%以上。换句话说，如果青铜时代的人维持新石器时代人的生活水平，可以腾出1/3的劳动力去做其他事情。随之而来的是生产关系的变革，中国到了战国初期能够开阡陌、废井田，与金属工具的使用密切相关。大规模垦荒种植粮食，让战国时期的各国有条件长期大规模征战，最后得以统一。金属冶炼技术的成熟改变了农业生产和战争形态，推动了历史车轮的前进。

拉斯邦巴斯铜矿

拉斯邦巴斯铜矿位于秘鲁，是世界级的优质铜矿资产，资源储量巨大，已查明铜储量超过1000万吨，并伴生大量的钼、银、金矿。2014年，中国五矿集团从国际贸易巨头嘉能可手中，以58.5亿美元的价格完成了对拉斯邦巴斯项目的收购。

> 铜是对国民经济和国家安全具有重要战略意义的金属品种。中国作为全球第一大铜消费国，铜精矿的对外依存度长期保持在80%左右。拉斯邦巴斯铜矿储量相当于中国所有铜资源储量的13%，其项目的成功实施，对于有效保障国民经济建设所需的铜原料稳定供应具有重要意义。

印刷术：推动信息传播的关键一环

从现代信息论的角度来看，古代信息传递和知识积累的困境在于速度和准确性。从人类最早的文字——楔形文字被发明至今，在80%的时间里，人们都只能靠"抄书"传递信息、传播知识。一本书被手工复制成两本、三本、四本……因此传播的速度非常慢。更糟糕的是，手工抄写出错的概率非常大。一本书被复制到第100本时，和原著就产生了相当大的差别。虽然在历史上有一些民族，比如犹太人，发明了有效的校对抄写错误的方法，但依然难以杜绝书籍复制过程中不断出现的错误。而解决这个问题最根本的方法就是发明一种印刷术来批量生产图书，复制信息。

中国的雕版印刷是迄今为止使用时间最长的印刷术。不过，雕版印刷的模板不耐用，在使用过程中很快就磨损殆尽，需要不断更换，这就限制了大量印刷的可能性。因此，活字印刷术虽然在中国被首先发明出来，但反而在欧洲发扬光大。

1397年，谷登堡（Gutenberg）出生于德国美因茨的一个城市贵族商人家庭。谷登堡研究出了特别的可以用来雕刻字母的合金和铸造法，用这种方法建立了一套字母库，并以此印刷了著名的《谷登堡圣经》和其他一些图书与文件。据说《谷登堡圣经》一共被印刷了约180份，其中49份今天尚存，成为最著名的《圣经》印刷版本。

在经济社会生活中，谷登堡印刷术的出现为资本主义经济的发展提供了绝佳的助力。白纸黑字记录商品贸易活动，货单也可通过复制获得，为商业活动提供了许多便利。它也让古代的书籍得以留存下来，大大加快了学术思想的传播，扩大了文学作品的传播范围，书籍价格就此大大下降，平民也可获得大量的书籍来阅读。一时间，涌现了大量的文学作家。由于机器印在页面上的文本是恒常不变的，各种语言出版物的词汇、语法、结构、拼法都日趋一致，从而促进了欧洲各国语言的标准化和系统化。

对于宗教势力而言，谷登堡印刷术的出现一开始成功缓解了罗马教廷的信任危机，能够成功复制许多本教义供罗马教廷用来说服信徒，但是这也带来了新的问题。印刷术并不只为罗马教廷服务，也为其他教派服务。人们从书籍中获取新理念，做出新选择，对罗马教廷的统治也逐渐产生怀疑。因此，德国宗教改革家马丁·路德（Martin Luther）有一句名言，总结了印刷机在新教改革中的作用:"印刷术是上帝赐予的最好的并且是最伟大的礼物。"由于印刷机的力量,路德成为世界上第一个"畅销书"作家。路德将《新约》翻译成德文,仅用两周就售出了5000份。从1518年到1525年,他的德文版《圣经》有了430多个版本,出版量占德国所有书籍的1/3。

从书籍中获取新理念的人们不再全心全意臣服、信仰罗马教廷,而是找寻与自身契合的新理念并投身其中。他们寻求改革、寻求平等,为即将到来的文艺复兴做了准备。可以说,谷登堡印刷术的出现最终为新理念思潮的传播发展提供了载体,成为"文艺复兴最有力的传播利器"。

科技发展更是谷登堡印刷术的直接受益者。

几千年来,人类对科学的追求本质上是孤独的、寂寞的。伟大的数学家和自然哲学家被时间、空间、语言和手写出版的潦草风格阻隔。不仅科学数据的手写副本昂贵且难以获得,传播过程中也容易出现人为错误。随着新的科学发现和实验数据被广泛印刷传播,科学在16世纪至17世纪取得了巨大的飞跃。例如,在16世纪早期研究以太阳为中心的星系模型时,波兰天文学家尼古拉·哥白尼不仅依赖自己的天文观测,而且仰仗已印刷发行的行星运动天文表。这也是为什么1980年历史学家伊丽莎白·爱森斯坦如此写道:"它(谷登堡印刷术)给科学的最大礼物并不一定是想法可以通过印刷书籍传播的速度,而是原始数据被复制的准确性。通过印刷公式和数学表,科学家们可以信赖现有数据的保真度,并投入更多精力开辟新天地。"

撬动机械的杠杆

思想革命推动知识爆炸。启蒙运动的理性精神让西欧对科技的探索达到了几千年以来的巅峰,在英格兰的月光社、巴黎的法兰西科学院、普鲁士的柏林科学院,科技知识以前所未有的速度爆发,为工业革命奠定了关键基础。

在工业革命时期,引领技术创新发展的首先是机械能。从此,人类进入了能量利用的新时代,能够撬动的能量杠杆也远超前面数十个世纪。对此进行了最为生动而深刻描述的毋庸置疑是一位伟大的无产阶级革命导师——卡尔·马克思。1848年,他在《共产党宣言》中这样写道:"资产阶级在它的不到一百年的阶级统治中所创造的生产力,比过去一切世代创造的全部生产力还要多,还要大。自然力的征服,机器的采用,化学在工业和农业中的应用,轮船的行驶,铁路的通行,电报的使用,整个整个大陆的开垦,河川的通航,仿佛用法术从地下呼唤出来的大量人口——过去哪一个世纪料想到在社会劳动里蕴藏有这样的生产力呢?"

人类对能量利用的第二次跃迁也直接推动了对物质利用的第二次升级——进入化工有机物时代。人类学会了分解石油,并合成出无数有机物,医药、农药、合成染料、有机颜料、涂料、香料与香精、化妆品与盥洗卫生品、肥皂与合成洗涤剂、表面活性剂、印刷油墨及其助剂由此进入了人类的发明清单。

机械时代

英国的詹姆斯·瓦特改良发明的蒸汽机，是第一次工业革命的代表物，为人类带来了一种新的能量利用方式——机械能，让人类社会由"柴薪时代"跨越到了"煤炭时代"。

18世纪，英国人托马斯·纽卡门发明了第一台可广泛应用的蒸汽机，并于1712年投入使用，但纽卡门蒸汽机具有天生的缺陷，其对燃料的消耗量太大，因此对于改良蒸汽机的需求越来越迫切。谈到改良蒸汽机，有一个人是永远也避不开的，他就是詹姆斯·瓦特。

1763年，格拉斯哥大学的一台纽卡门蒸汽机坏了，正在伦敦修理。瓦特得知后向学校请求取回了这台蒸汽机，并亲自修理。很快，瓦特就把这台蒸汽机修好了，但是它的效率实在太低了。瓦特决定改进蒸汽机，将冷凝器与气缸分离开来，并且在1765年制造了一个可以运转的模型，然后就离开了大学，专心研制新的蒸汽机。终于在1776年，第一批新型蒸汽机制造成功并投入工业生产。瓦特赢得了大量订单，以至于在接下来的5年里，他常常奔波于各个矿场之间安装新型蒸汽机。

瓦特的成功不仅是技术的胜利，更是能量系统的巨大变革。以蒸汽机为代表的第一次工业革命，在一定程度上调和了经济发展与资源限制之间的矛盾，缓解了人类几千年来面临的物质匮乏问题。一句话，第一次工业革命让人类从落寞低沉的农耕时代迈向大气磅礴的工业时代，人类的工业化序幕正式拉开。

黑金：石油与化工有机物

其实，人类发现和使用石油的历史很久远，早在公元前10世纪之前，古埃及人、美索不达米亚人和古印度人就已经开始采集天然石油并加以利用。但是，人类能量利用水平的低下导致无法大规模开采并利用石油。石油更多被小范围地用作制造、防腐以及战争，而不是取暖、照明或驱动机械。甚至到了19世纪，美国仍有出版的小册子，说明"石油"或者"石头里的油"的神奇功效："一种自然药物！取自宾州阿勒格尼县的一口井中。在地面之下400英尺[①]！"宣称其对风湿病、长期咳嗽、泌尿疾病、消化不良具有"神奇的疗效"。

在石油工业和化学工业的发展过程中，机械能的作用是非常明显的，人类需要依托钻井、矿井等机械能载体对石油化石燃料进行开采，使得埋藏地底深处的"盲盒"喷涌出滚滚"黑金"。

工业之血

1857年，宾夕法尼亚石油公司聘用了埃德温·L.德雷克试图开采位于泰特斯维尔的油田。德雷克在那里亲眼看到了收取石

---

① 1英尺=30.48厘米。——编者注

油的艰苦过程：在水池上铺一床毯子，然后把那种液体从毯子里挤进容器中。后来，德雷克说，当时当地他忽然灵机一动，要挖一口井，可以像钻探盐井那样得到大量的油。

当时的人们认为钻油是个疯狂的念头，因此德雷克很难雇到一名合格的钻井探工。第一个愿意为他钻油的盐井钻探工在签订合同后一直没有露面。最后，德雷克聘请了英国地质学家威廉·A.史密斯。史密斯不但是一个经验丰富的盐井钻探工，还是一个手艺高明的铁匠，能够打造各种钻探工具。他试用了革命性的新方法，一开始就把一根管子往下钻。等钻到69.5英尺处，史密斯惊奇地发现，井里都是一种油状物质。这种深井里面的新物质就是石油。

19世纪末，在北美大陆的许多地方都发现了大油田，煤油很快取代蜡烛成为西方主要的照明材料。也就是在这个时期，约翰·洛克菲勒成了世界"石油大王"——他控制了美国的炼油产业，并因此间接地控制了原油的开采、原油和成品油的运输，以及成品油的定价。内燃机发明后，人类对石油的需求量更是出现了爆炸式增长。从19世纪末开始，全世界的石油用量剧增。19世纪中期，美国的石油年产量只有2000桶，但是到了1906年，这一数量就达到了1.26亿桶，半个世纪增长了6万多倍。

俄欧能源脱钩难

2022年俄乌冲突爆发后，欧盟叫嚣着要将俄罗斯踢出全球能源市场，并对俄罗斯启动经济、金融、能源等多方面的制裁。但实际上，除非等到可再生能源可堪大任，或者可控核聚变能商业运行，否则欧盟根本无法同俄罗斯能源脱钩。

作为世界上化石能源储量较为匮乏的地区，欧洲国家对俄罗斯的能源依赖是全方位的，无论是石油、天然气还是煤炭，俄罗斯均是欧洲的第一大能源提供国。

2020年，欧洲总进口原油4.7亿吨，其中最大来源为俄罗斯，其进口占比为29%，中亚国家占比14%，西非国家占比14%，美国占比12%，其他来源为中东和北非国家。

2020年，欧洲煤炭主要进口来源是俄罗斯，其占比为50.2%，哥伦比亚占比17.1%，美国占比15.5%，澳大利亚占比8.4%。

欧洲从俄罗斯进口的天然气数量更是惊人，近些年来欧洲对俄天然气依存度一直都维持在40%左右，2021年这一数字甚至提升至45%。具体来看，德国对俄天然气的依存度是65%，波兰是73%，匈牙利是94%，芬兰是97%，捷

> 克是99%，斯洛文尼亚、保加利亚、爱沙尼亚、拉脱维亚、斯洛伐克对俄天然气的依存度甚至是100%。不难看出，"逢俄必反"的波兰、爱沙尼亚、拉脱维亚、捷克，其天然气消费是很难与俄罗斯切割的。欧盟经济火车头德国对俄天然气的依存度也近2/3。
>
> 因此，欧盟所谓切断与俄罗斯能源的联系，可以说是自杀式攻击了。

时至今日，我们所有人都已对石油不再陌生。作为日常生活中最常见到的能源之一，石油的使用范围是相当广泛的。除了经由石油加工炼制出来的汽油，各种各样的工业原材料也离不开石油的支持。离开了石油，我们甚至难以想象世界会是什么样的光景。为了保障能源安全，20世纪70年代中东战争爆发之后，发达国家专门成立了国际能源机构（亦称"国际能源署"），要求成员国至少储备能够维持国家运转60天的石油。到了今天，这个要求还在不断地增加。

有机物三巨头——塑料、合成橡胶与合成纤维

由于石油本身是许多化学工业产品的原料，石油工业带来的另一个重要结果是极大地促进了化学工业的发展。

19世纪末20世纪初，俄国和美国的工程师先后发明了通过裂解从石油中提炼乙烯的技术。随后在20世纪20年代，标准石油公司（Standard Oil）开始从石油中提取乙烯。1933年，英国的帝国化学工业公司（ICI）再次无意中发现了从乙烯到聚乙烯的合成方法。因为有了充足的原材料供应，聚乙烯材料得以广泛应用。在此之后，人类以石油为原材料，发明了各种各样的新材料，大致可以分为塑料、合成橡胶与合成纤维三大类。

塑料是今天全世界使用最多的材料之一，每年的使用量约为3亿吨，人均40千克，其中中国塑料使用量占了全球的1/4左右。塑料的种类非常多，常见的就有十几种。今天使用最多的塑料除了聚乙烯，还有聚氯乙烯（即人们常说的PVC，水管、地板、建筑门窗框等都来自聚氯乙烯）。这两种塑料在外观上差不多，但是聚乙烯无毒，可以包装食品；聚氯乙烯有毒，不能作为食品包装。

塑料的诞生还促进了人造革产业的发展。19世纪末，德国人率先发明了人造革。但是这种人造革并不结实，因此没有实际应用。20世纪30年代，人们用聚氯乙烯和帆布制造出了皮革替代品——塑料复合物。在二战期间，缺少天然原材料的德国大量使用人造革制作军服和军用品，如军装、马鞍和武器的皮套。

除了催生出塑料工业，随着石油化工的发展，人们开始探索用合成材料替代天然材料，合成橡胶应运而生。由于橡胶树只能生长在暖湿地区，世界上大部分国家不适合种植，因此天然橡胶产量非常有限。到了战争年代，如中国、日本或者德国等不出产天然橡胶的国家，就很容易被切断橡胶供应。因此，德国从20世纪初就开始想办法人工合成橡胶。1909年，德国科学家弗里茨·霍夫曼（Fritz Hofmann，1866—1956）等人，用异戊二烯聚合出第一种合成橡胶，但是质量太差，根本不可用。第一次世界大战期间，德国的橡胶供应完全被英国人切断。迫于橡胶匮乏，德国人采用二甲基丁二烯聚合成甲基橡胶，这种橡胶可以大量生产，而且价格低廉，但是耐压性能不理想，战后便被淘汰了。在随后十多年里，欧美各国合成了种类不同的人造橡胶，均因质量太差，不堪使用。真正从理论层面解决人造橡胶技术问题的是两位分别获得了诺贝尔化学奖的科学家。20世纪30年代，德国化学家赫尔曼·施陶丁格（Hermann Staudinger，1881—1965）建立了大分子长链结构理论，苏联化学家尼古拉依·谢苗诺夫（Nicolay Semenov，1896—1986）建立了链式聚合理论。有了这些理论的指导，通过小分子材料聚合大分子材料，人工合成实用的橡胶才成为可能。

20世纪60年代，壳牌化学公司（Shell Chemical Company）发明了人工合成的聚异戊二烯橡胶，首次用人工方法合成了结构与天然橡胶基本一样的合成橡胶，从此人造橡胶可以彻底取代天然橡胶了。今天，全世界每年生产2500万吨橡胶，其中70%是合成橡胶。

如果说合成橡胶只是对一种天然物的复制，那么合成纤维则是自然界原本并不存在的人造物，它的发明开创了化学工业链和纺织工业的一个新领域。

1928年，杜邦公司成立了基础化学研究所，负责人是当时年仅32岁的华莱士·卡罗瑟斯（Wallace Carothers, 1896—1937）博士，他主要从事聚合反应方面的研究。1930年，卡罗瑟斯的助手发现，采用二元酸和二元胺经缩聚反应而形成的聚酰胺纤维，其化学结构和性能与蚕丝相似，而且这种人造丝比天然蚕丝结实，延展性非常好。卡罗瑟斯意识到这种人造物的商业价值，于是对高聚酯进行了深入的研究。1935年，世界上第一种合成纤维诞生了，后来得名尼龙。

1939年10月24日，用尼龙制造的长筒丝袜上市，引起轰动。二战时，尼龙被优先用于军工，制作降落伞，并且被美军带到了欧洲。二战后，很多喜欢时尚的法国妇女热衷用制作降落伞的尼龙缝制性感的衣服，她们会为了求得一块降落伞布而结交美国大兵，可见当时尼龙受欢迎的程度。今天，通过合成得到的高质量超细纤维，很多在性能上已经完全可以媲美纯棉制品。

电能引领下的技术爆炸

电能的发现和利用让信息的传递进入"秒"时代和"零损

失"时代，电报、广播、电话和电视使"天涯若比邻"不再是遥不可及的幻想。当突破了"笔墨纸砚"的束缚，时空阻隔被划破，人类的沟通效率大幅提升。

正如亚当·斯密所预言的，精细的劳动分工和统一大市场可以创造更多财富。信息传递的进步打破了交通和通信对于大市场的阻碍，极大地促进了市场经济的发展。从公元元年到1820年，近2000年的时间里，全球人均GDP仅增长50%，年增长仅为0.025%。而工业革命之后不到200年的时间里，全球GDP从1820年的约7000亿美元，增长到了2022年的约101.6万亿美元，增长了约145倍。

在残酷的二战中，美国为了更快、更准确地计算弹道轨迹数据，决定以电子管为基本元件制造一台"电子数值和积分计算器"，计算机的雏形由此诞生。二战后，为了开发耗电少、体积小的电子管替代品，贝尔实验室成功研发出半导体材料。2022年，全球半导体销售额已达到5735亿美元，而以半导体产品开发出的电脑、手机更是成为我们日常生活中不可或缺的一部分，信息传递也进入了互联网时代。

电气化：能量新革命

蒸汽机为工业制造注入了强大的动力，人类第一次彻底"驯服"了如此强劲的机械力量，使得工业乃至整个人类社会发生了翻天覆地的变化。但随着人们对效率的需求越来越大，蒸汽机明显跟不上时代步伐：蒸汽机的机械能无法满足人们生活所需的某些精细能量，例如电话所需要的能量；无法直接制造原材料，例如炼化；无法用于直接加工精密的零件，例如加工精密机床；蒸汽机的使用也非常不便捷；等等。人们需要一种具有精确性、可控性和便利性的全新能量形式——电能。

"电学之父"是迈克尔·法拉第。当丹麦化学家奥斯特发现电流的磁效应后，法拉第认为既然电能生磁，那磁也应该可以生电。为了验证这一想法，法拉第花费了整整十年的时间。1831年，法拉第终于在通断电的瞬间发现了电流计指针微小的跳动。这一小小的跳动揭示了电磁学最基本的原理：电磁感应。

在电磁感应原理被发现后，1832年，法国的毕克西发明了一台手摇式发电机原型机。1866年，德国西门子公司创始人维尔纳·冯·西门子对发电机进行重大改进，发明了第一台真正意义上的自励式直流发电机，并在随后几年投入实际运行。19世纪80年代，在爱迪生第一次成功在美国建立火力发电站后，世界各地的发电厂陆续开始建立起来。

有了电之后，各种电器的发明和应用层出不穷。1888年，天才工程师尼古拉·特斯拉获得交流发电机的发明专利，随后他大力推广交流电系统。由于相对于直流电的诸多优势，交流电被广泛采用。从此，人类快速地步入了电气化时代。当然，我们后来也知道，埃隆·马斯克（Elon Musk）为了表达对特斯拉的尊敬和崇拜,将自己公司生产的电动汽车以其名字命名。

电能在精细程度、可控程度和便捷性上远超蒸汽能量,电气动力系统的"品质"明显优于蒸汽动力系统。电气动力系统的应用使产品的功能和复杂度迅速增加,人类开始创造以前无法想象的丰富和复杂的产品系统,这直接引发了产品系统的爆发式发展,制造业在规模和质量上都取得了空前的进步。因此,以电气技术为核心的第二次工业革命,实际上通过能量系统"品质"的飞跃式发展,促进了产品系统在"功能"上的爆发式增长。

电信息时代

人类对电能的利用也推动信息的传递方式进入了电信息时代。首个依托于电的信息传递新方式是电报。

1832年10月,美国画家塞缪尔·莫尔斯(Samuel Finley Breese Morse,1791—1872)在从法国回美国的旅途中,听了一位医生(也是电学博士)向旅伴们介绍奥斯特的"电生磁"和安培关于电报的设想,对电报产生了很大兴趣。在旁听过程中,他脑海里突然闪过一个念头,便立即写在了笔记本上。正是由于这样一次旅途中的偶然旁观,使他停下了画笔致力于电报的研究。

莫尔斯发明的精华是他的电码。他运用电流的"通"、"断"和"长断"来代替人类的文字进行传送,这就是著名的莫尔斯电码。发报机传送出的电流使收报机的电磁铁受到吸引力,并带动记录笔在纸带上自动记录。1844年5月24日,在华盛顿的国会大厦联邦最高法院会议厅里,莫尔斯用有线电报机进行了首次公开通信演示。电文内容取自《圣经》——"上帝创造了何等奇迹!",从而实现了人类进行长途电报通信的梦想。

电话紧随电报向人类走来。

在美国波士顿法院路109号的门口,一块铜牌上写着:"1875年6月2日,电话机在这里诞生。"世界上第一台电话机,是由出生于苏格兰爱丁堡的美国发明家亚历山大·贝尔和他的助手沃特森在此时此地发明的。

贝尔在一次实验中偶然发现了有趣的现象:在电流导通和截止的时候,螺旋形的线圈发出了噪声——好像发送莫尔斯电码的"嘀嗒"声。有心人贝尔当然不会放过这一奇怪现象:"在讲话的时候,如能使电流的变化模拟出声波的变化,那电流不就能传送声音了吗?"他受此启发,辞去了波士顿大学语言学教授职务,正式开始实验研究电话机。1873年,贝尔邂逅了18岁的年轻电气技师沃特森。他们一见如故,成了终身的战友。一年多过去了,电话机仍然没有完全成功。但是,他们已经在1874年夏天感悟到振动膜片是电话机的关键部件。原来,送话器和受话器灵敏度都很低,所以声音极其微弱,很难辨别——当时没有现在的电子放大设备。此时,吉他的共鸣启发了这两个聪明的年轻人。他们马上设计草图,动手试制,终于发明了电话。

电话发明以后的发展道路并不平坦。例如,美国东方联合电报公司花10万美元买了贝尔的发明权却不买他的电话机。可喜的是,贝尔并没有因为受挫而放弃努力。1876年6月25日,贝尔在费城的世界博览会上演示了他的电话。他还在次年7月9日成立了自己的公司——已发展为今天的美国电话电报公司(AT&T Inc.)。

走向半导体之路

为了应对战争中大量快速的需要,人类对新物质的开发也取得了突破。硅,这一地球上随处可见的元素,成为明星物质。

今天,没有人可以说自己跟以硅为基础的"半导体"没有关系。半导体听起来既生硬又冷冰冰,但它不仅是科学园区里那帮工程师的事,我们使用的手机、电脑、电视、音响里面也都有它的身影。可以说,没有半导体就没有现代世界里轻巧又好用的高科技产物。我们可以回忆一下半导体的前世今生。

二战期间,美国宾夕法尼亚大学莫尔学院的莫奇利奉命为阿伯丁试炮场制定火力表。他每天需要用计算机不停地计算各种弹道,繁复漫长的过程使他深感改进计算机之必要。1942年8月,他提出了"埃尼阿克"(Electronic Numerical Intergrator and Computer,ENIAC,意为"电子数字积分计算机")方案,次年得到空军方面的支持。当年6月,美国成立了由莫奇利领导的莫尔研制小组。经过近3年的努力,花费了48万美元,世界上第一台电子计算机终于在 1946 年初问世。

这台电子计算机，使用了 1.8 万个电子管，每秒能进行 5000 次加法运算，比当时最好的机电计算机快了千倍。1955 年 10 月 2 日，"埃尼阿克"在运行 10 年后"退休"。据说，这期间它的运算量比人类有史以来全部大脑的运算量还多。

但是，这台电子计算机存在一个大问题——机器平均每 7 分钟就要烧坏一只电子管，因此它的使用效率非常低。为了长期稳定使用计算机，人类急需找到一个能够代替电子管的器件。

1947 年 12 月，美国电话电报公司旗下的贝尔实验室研发出世界上第一个点接触型锗半导体晶体管。接着，第二年 11 月，贝尔实验室的威廉·肖克利又设计出实用价值更高、更先进的"双极结型锗晶体管"（bipolar junction transistor，BJT）。

苏联走入"芯片死胡同"

在上文提到的 ENIAC 被美国人研发出来后不久，苏联高层就意识到了这台机器的革命性意义。在斯大林的亲自关怀下，苏联很快将计算机设为其重点研发项目。全苏联两千多万平方公里的土地，以及其二战后在东欧的一些卫星国，都开始憋足了劲儿向着这个方向攻坚。到了 1950 年，苏联研制出了自己的第一台通用计算机 MESM，该计算机用 6000 个电子管，能做到每分钟约 3000 次运算。

很快，同样的问题也摆在了苏联人的面前——想要提高计算机的效率，必须抛弃笨拙的电子管，采用新的晶体管。那这个事儿要不要做呢？苏联各路专家做出了与美国企业相反的选择：苏联以后不要搞晶体管，集中力量搞电子管小型化。

其实并不是苏联专家水平不如美国，而是因为在整个 20 世纪 50 年代，苏联都在利用国家力量催熟电子管产业，数十个工厂、研究所开工，成百上千的研究人员、工程师、工人指着生产这种长得很像小灯泡的玩意儿养家糊口。这个时候，你若是一位苏联科学家，坚持告诉领导"电子管已经过时了，要搞晶体管"，那意味着什么呢？意味着你科研所的同事、给你发工资的领导，以及与科研所合作的工厂的上千工人、工程师、厂长……他们都可能因为这个重要项目下马而失业、调岗。当时的苏联科学家——工程师共同体，就陷入了这样一种困局：电子管小型化虽然是个死胡同，但这是一个大家都能保住铁饭碗的死胡同。

1956年初，肖克利受斯坦福大学副校长弗雷德里克·特曼（Frederick Emmons Terman）邀请，回到家乡帕洛阿尔托，创办"肖克利半导体实验室"，准备开始生产硅晶体管。他之所以放弃锗晶体管而选择硅晶体管，理由很简单，硅是地壳中第二丰富的元素，占地壳总质量的26.4%，而锗是一种稀有元素，含量少，分布不集中，这导致锗的原材料成本居高不下。此外，锗还有一个短板，就是难以提炼到足够的纯度，纯度不够就意味着晶体管性能低下。锗所有的先天不足都是硅的先天优势。所以在初代半导体材料硅锗路线之争中，硅胜出。

第二代半导体材料则在20世纪90年代出现。随着移动通信的飞速发展、以光纤通信为基础的信息高速公路和互联网的兴起，以砷化镓（GaAs）、磷化铟（InP）为代表的第二代半导体材料开始崭露头角。

第二代半导体材料是化合物半导体。其中，商业半导体器件中用得最多的是砷化镓、磷砷化镓（GaAsP）、磷化铟、砷铝化镓（GaAlAs）和磷镓化铟（InGaP）。其中以砷化镓技术较成熟，应用也较广。

砷化镓、磷化铟等材料适用于制作高速、高频、大功率以及发光电子器件，是制作高性能微波、毫米波器件及发光器件的优良材料，广泛应用于卫星通信、移动通信、光通信、GPS（全球定位系统）导航等领域。但是砷化镓、磷化铟材料资源稀缺，价格昂贵，还有毒性，会污染环境，磷化铟甚至被认为是可疑致癌物质，这些缺点使得第二代半导体材料的应用具有很大的局限性。

近年来，第三代半导体材料正凭借其优越的性能和巨大的市场前景，成为全球半导体市场争夺的焦点。

所谓第三代半导体材料，主要包括碳化硅（SiC）和氮化镓（GaN）、金刚石等，因其禁带宽度（Eg）大于或等于2.3电子伏特（eV），又被称为宽禁带半导体材料。

和第一代、第二代半导体材料相比，第三代半导体材料具有高热导率、高击穿场强、高饱和电子漂移速率和高键合能等优点，可以满足现代电子技术对高温、高功率、高压、高频以及抗辐射等恶劣条件的新要求，是半导体材料领域具有广阔前景的材料。同时，第三代半导体材料可以降低50%以上的能量损失，同时使装备体积减小75%以上，在国防、航空、航天、石油勘探、光存储等领域有着重要应用前景，对人类科技的发展具有里程碑的意义。

新秩序的肇始

当前，第三次科技链式进步周期的成果已得到充分利用。全球通电率持续走高，电子信息技术已在各国广泛应用，先进半导体制程已逼近 2 纳米，引领半导体发展的摩尔定律濒临失效。

我们不禁想了解，第四次科技链式进步周期将在哪里肇始？

从人类科技史来看，每一次的科技链式进步周期往往由能量跃迁启动。快速发展的未来能源——核能、太阳能和氢能，都有机会成为第四次科技链式进步周期的引领者，让我们拭目以待。

核能：危险的跃迁

历史的发展不总是遵循线性轨迹。全球范围的战争爆发在某种程度上对科技发展产生了非线性影响，极大地推进了新科技突破的出现速度，甚至在能量领域出现了极大的代际跃迁——核能。

揭开核科学的面纱

卢瑟福，当之无愧的核科学奠基人。这位 1908 年的诺贝尔化学奖得主，除了带给人类原子核式结构的模型，更为核科学领域培养了 8 位诺贝尔奖获得者。1902 年，卢瑟福第一次提出了放射性的概念：放射性原子是不稳定的，它们自发地放射射线和能量，发生衰变，直至成为一种稳定的原子。10年后，他提出了原子核式结构；又过了几年，到1919年，他第一次发现质子。

核物理学的大门其实早在1896年就被逐渐打开。法国物理学家贝克勒尔在研究铀盐的实验中，第一次认识到铀原子核的天然放射性。1898年，著名的居里夫妇找到了两种放射性更强的元素，命名为钋和镭。此后，其他元素的许多放射性核素被陆续发现。这些物质能自发地放射出α、β和γ射线。正是因为发现了这些能使空气电离的射线，居里夫妇和贝克勒尔共同获得了1903年诺贝尔物理学奖，获奖的理由是人工放射性的发现。1934年1月19日，当用钋产生的α粒子轰击铝箔时，居里夫妇观察到一个奇妙的现象：若将放射源拿走，铝箔仍保持放射性。

这一发现在某种程度上拉开了人工利用同位素和原子能的大幕。

著名的枣核裂变正是沿着居里夫妇的研究方向迸出的耀眼火花。哈恩·奥托利用上述实验实现了人工的核裂变，证实了铀-235能够人工裂变成更轻质量的碎片，同时放出很高的能量。

然而，对于核科学取得的飞跃，F.约里奥-居里早就对其两面性有过思想上的斗争，并不止一次表现出忧虑。在广岛、长崎原子弹爆炸两年后，他审慎地表达了自己的看法："科学具有造福和毁灭的双重面貌，这要看人们究竟怎样去利用它。这双重面貌，轮番产生了希望与不安。"

打开潘多拉魔盒

1945年8月6日早晨，一颗仅长3米、直径0.7米的"炸弹"被B-29轰炸机带到广岛上空。这颗原子弹被亲切地称为"小男孩"，看上去与其他炸弹并无太大差别。当它爆炸之时，火球迸发出5万摄氏度的辐射热，瞬间刮起的热风，以800公里的时速，肆虐广岛大地。78150人当场死亡，51400人陆续死去。三天后，另一颗原子弹被投在长崎。

F.约里奥-居里内心埋藏着对广岛和长崎深深的愧疚，倡导和平成为他后半生的主要工作。不过，他仍未对科学利用核能丧失信心。

1948年12月15日，在他的主持下，法国第一个原子反应堆"左埃"开始运转。反应堆产生的核能与原子弹最大的不同之处在于所含的铀-235浓度和释放方式不同。在核反应堆中，铀-235只占3%~5%，可以慢慢放出能量；而原子弹中其含量可达90%以上，并且是在百万分之一秒或更短的时间内将能量全部释放。

然而，直到原子弹爆炸的几年后，科学家们才逐步了解如何掌控这种能量的释放。1954年6月27日，世界上第一座原子能发电站在苏联奥布灵斯克建成，装机容量只有5000千瓦。1957年，美国建成90000千瓦的希平港核电站，也实现了对核能的和平利用。

虽然那些削减不下去的核弹头仍是悬于人类头顶的达摩克利斯之剑，不过，科学家们终于看到了核技术带来和平与发展的希望。

跃迁的代价

我们常听到的"谈核色变"是因为核能给人类留下过太多的惨烈故事。投放在日本的原子弹自不必提，各国进行的累计上千次的核试验和核电站事故也给人们内心蒙上了阴影。

1986年4月26日凌晨1点23分，切尔诺贝利，这座位于苏联乌克兰地区的核电站，发生了人类和平使用核能历史上最大的一次惨剧。彼时，核电站的4号核反应堆发生爆炸，厂房屋顶被炸飞、火柱高达30多米，超过8吨的强辐射物质喷涌而出，释放出了相当于广岛原子弹数百倍的辐射量。

关于切尔诺贝利核事故确切的伤亡人数，各方说法不一。根据事故发生4个月后苏联官方数据，这场事故导致31人死亡，以抢险人员为主，203人罹患放射病，13.5万人被从危险区撤出。而乌克兰国家辐射保护委员会副主任尼可莱·奥梅里安内茨则提供了不同的数据："在乌克兰，有200万人被官方划为切尔诺贝利事故受害人，他们当中至少有50万人，也许更多，已经死去。"

或许，国际原子能机构、世界卫生组织、联合国发展署在

2005年9月5日发布的报告更为客观：大约为4000人，这包括已经死亡的人，以及参加援救的工人、士兵和污染严重地区居民的预测死亡数。

无论哪种说法，都是人类为能源利用付出的惨痛代价。

切尔诺贝利核事故对儿童健康造成的伤害，更是永远无法弥补之痛。爱沙尼亚科学家马蒂·拉胡（Mati Rahu）在《欧洲癌症杂志》发表了题为《切尔诺贝利事故对健康的影响：恐惧、谣传和真相》的文章。这篇参考联合国原子辐射效应科学委员会2000年度报告和其他研究的综述文章称，核事故对健康的影响主要表现在儿童罹患甲状腺癌的危险激增和大量被迫移居人群的心理疾病上。

可以说，核能拥有令人难以置信的效率，让人类历史上所有能量形式都黯然失色。在核裂变过程中，铀的U-235同位素被一个移动的中子击中，一分为二。原子的这种分裂产生热能，释放出更多的中子，击中其他U-235原子，引起核裂变的连锁反应。单个铀颗粒裂变产生的能量相当于1吨煤或120加仑原油或17000立方英尺天然气产生的能量。但是，核能具有乏燃料难以处理、核电站造价高昂、核泄漏安全隐患等种种弊端，目前人类尚未能完全安全可控地掌握核能，"发展没有捷径可走"，这可能正是能量利用受到战争影响发生跃迁的代价。

太阳能：无尽的可能

几千年来，人类一直梦想着开发太阳的潜能，而光伏发电技术的发展使这一梦想成为可能。

古早的使用者

早在 3000 多年前，中国人利用阳燧（一种用于引燃的镜子，中国古代利用太阳光点火的器具）来聚光生火，这是人类使用太阳能的最古老的方式。太阳能建筑在古代地中海地区也非常盛行：公元前 5 世纪，苏格拉底在希腊发表了关于这个内容的演讲；公元前 1 世纪，罗马人发明了一种名为"阳光充足的房间"（Heliocaminus）的"玻璃房"，可以将温室效应应用于公共浴室。

直到 19 世纪，法国数学教授奥古斯丁·穆肖（Augustin Mouchot）才成功激活了太阳能的现代应用方式。1874 年，他在法国图尔（Tours）建造了世界上第一台太阳能发动机。然后，在 1879 年，他发现了将太阳辐射转化为电能的方法，即通过反射阳光来加热焊接在一起的两种金属的结点，从而产生电流。

大约在 20 世纪初，太阳能热水器在南加利福尼亚州涌现，为房主节省了大量的煤炭或天然气费用。到 1977 年，该州 60% 的游泳池已由太阳能供热。

光伏发电的诞生

太阳能光伏发电的历史始于 1839 年，当时法国物理学家埃德蒙·贝克勒尔（Edmond Becquerel）发现了光伏效应。他将氯化银浸入酸性溶液中，提供光照，并将其连接到两个电极，在两个电极之间产生了电压。贝克勒尔还注意到，当他使用蓝光或紫外线照射时，会获得最好的结果，这是一种他无法解释的现象。尽管现象尚不能被解释，但美国发明家查尔斯·弗里茨（Charles Fritts）仍在1884年用硒制造出第一块太阳能电池板，并将其安装在纽约市的建筑屋顶。

1953年，贝尔实验室的研究人员杰拉尔德·皮尔逊（Gerald Pearson）和卡尔文·富勒（Calvin Fuller）发现他们的装置对光非常敏感。于是，他们聘请了正在寻找远程电话装置供电方法的达里尔·蔡平（Daryl Chapin），三人合作建造了世界上第一个硅太阳能光伏电池。尽管他们的第一个装置只有2.3%的转化效率，但已足以完胜硒电池。蔡平坚持不懈地改进硅太阳能电池的设计。第二年，也就是1954年，他高调地发布了一款转化效率为6%的光伏电池，《纽约时报》报道说，这一进展可能会使"人类几乎无限地利用太阳能源"。

斯旺森定律与技术瓶颈

在2016年之前的20年间，全球光伏年产量以每年约40%的速度增长。目前，太阳能可以满足全球2%以上的电力需求。尽管会有短期波动，但是随着太阳能总产量的增长，太阳能电池板的长期成本会定期下降——累计产量每增加1倍，成本就会下降大约20%。这种定期的成本下降被称为"斯旺森定律"

（Swanson's Law）。市场分析人士意识到成本在持续下降，因此看好太阳能在南极洲以外每一块大陆的应用前景。彭博新能源财经（Bloomberg New Energy Finance）预测，到 2040 年，太阳能光伏发电的成本将大幅下降 2/3，太阳能发电将占到总发电量的 17%。

受到成本下降的激励，世界各地太阳能项目的价格屡创新低。2015 年在迪拜，一个沙特开发商提出了一个前所未闻的项目，以 6 美分 / 千瓦时的价格出售（提供）电力。随后秘鲁、墨西哥和智利进行了政府招标，电力价格暴跌至低于 3 美分 / 千瓦时。在 2016 年末，阿布扎比以 2.4 美分 / 千瓦时创下"最廉价太阳能"的价格。接下来，在 2017 年底，沙特阿拉伯王国以 1.79 美分 / 千瓦时的价格（可能是因为激励措施）创下了当时光伏发电价格的最低纪录。

钙钛矿革命

作为新能源的主力军，当前光伏的商业化集中在晶硅电池，而硅的能量转化效率（PCE）是有极限的。越是从中"榨取"电能，就越能感受到晶硅电池提升空间的逼仄。

除非，超越硅。

自光伏技术诞生起，这个行业就围绕着"效率与成本"不断掀起新的技术变革。晶体硅光伏电池的理论极限效率是 29.43%，在目前研发的光伏新技术路线中，钙钛矿是能够突破 30% 阈值的光伏材料。

2009年，日本科学家宫坂力（Tsutomu Miyasaka）首次用钙钛矿光伏电池发电，当时的电能转换效率仅有3.8%。仅仅10年之后，钙钛矿电池性能便飙升至25%。2021年11月，柏林亥姆霍兹中心（HZB）研发的钙钛矿串联电池转换效率高达29.8%，创造了迄今为止钙钛矿电池最高纪录。值得注意的是，这一纪录超过目前效率最高的异质结、TOPCon（隧穿氧化层钝化接触太阳能电池）等晶硅技术的效率极限，将同为薄膜电池的其他技术路线甩开几条街。而且，从理论极限来看，钙钛电池单层电池理论效率极值可达31%，晶硅/钙钛矿双节叠层转换效率可达35%，而三节层电池理论极限可能升值至45%以上。

尽管这些数据目前还仅限于实验室或者理论研究层面，但钙钛矿显然已经拥有了强劲的竞争力，它的出世为光伏产业打开了全新的想象空间。

生物质能：未来的应用探索

生物质能是一种重要的可再生能源，直接或间接来自植物的光合作用，一般取材于农林废弃物、生活垃圾及畜禽粪便等，可通过物理转换（固体成型燃料）、化学转换（直接燃烧、气化、液化）、生物转换（如发酵转换成甲烷）等形式转化为固态、液态和气态燃料。由于生物质能具有环境友好、成本低廉和碳中和等特点，迫于能源短缺与环境恶化的双重压力，各国政府高度重视生物质资源的开发和利用。近年来，全球生物质能的开发利用技术取得了飞速发展，应用成本快速下降，以生物质产业为支撑的"生物质经济"被国际学界认为是正在到来的"接棒"石化基"烃经济"的下一个经济形态。

生物质发电技术

生物质发电技术是最成熟、发展规模最大的现代生物质能利用技术。目前，全球共有3800个生物质发电厂，装机容量约为6000万千瓦，生物质发电技术在欧美发展最为完善。丹麦的农林废弃物直接燃烧发电技术，挪威、瑞典、芬兰和美国的生物质混燃发电技术均处于世界领先水平。日本的垃圾焚烧发电发展迅速，处理量占生活垃圾无害化清运量的70%以上。

我国的生物质发电以直燃发电为主，技术起步较晚但发展迅速。截至2021年年底，我国生物质发电装机容量达3798万千瓦，同比增长31%，占全国总发电装机容量的1.6%。2022年上半年，累计装机排名前五位的省份是山东、广东、江苏、浙江和黑龙江，分别为410万千瓦、376万千瓦、295万千瓦、283万千瓦和251万千瓦。

生物液体燃料

生物液体燃料已成为最具发展潜力的替代燃料，其中生物柴油和燃料乙醇技术已经实现了规模化发展。

生物柴油是典型的"绿色能源",具有环保性能好、发动机启动性能好、燃料性能好,原料来源广泛、可再生等特性。具体而言,生物柴油是指植物油(如菜籽油、大豆油、花生油、玉米油、棉籽油等)、动物油(如鱼油、猪油、牛油、羊油等)、废弃油脂或微生物油脂与甲醇或乙醇经酯转化而形成的脂肪酸甲酯或乙酯。大力发展生物柴油对经济可持续发展、推进能源替代、减轻环境压力、控制城市大气污染具有重要的战略意义。2021年,欧盟是全球最大的生物柴油产区,占全球生物柴油产量的31%,其次是美国、印度尼西亚、巴西,占比分别是19%、16%、12%。

燃料乙醇一般是指体积分数达到99.5%以上的无水乙醇,是良好的辛烷值调和组分和汽油增氧剂,能够有效减少汽车尾气中的PM2.5和CO(一氧化碳),其作为可再生液体燃料的代表之一,可补充化石燃料资源,降低石油资源对外依存度,减少温室气体和污染物的排放,受到世界各国的广泛认可。美国可再生燃料协会数据显示,2015年以来,全球燃料乙醇产量一直维持小幅增长的状态,截至2020年,在新冠肺炎疫情的影响下,全球燃料乙醇产量降至986.44亿升。

生物燃气

生物燃气技术已经成熟,并实现产业化。欧洲是沼气技术最成熟的地区,德国、瑞典、丹麦、荷兰等发达国家的生物燃气工程装备已达到了设计标准化、产品系列化、组装模块化、生产工业化和操作规范化。德国是目前世界上农村沼气工程数量最多的国家；瑞典是沼气提纯用于车用燃气最好的国家；丹麦是集中型沼气工程发展最有特色的国家，其中集中型联合发酵沼气工程已经非常成熟，并用于集中处理畜禽粪便、作物秸秆和工业废弃物，大部分采用热电肥联产模式。

我国生物质气化产业主要由气化发电和农村气化供气组成。农村户用沼气利用有着较长的发展历史，但生物燃气工程建设起步于20世纪70年代。我国目前在生物质气化及沼气制备领域都具有国际一流的研究团队，如中国科学院广州能源研究所、中国科学院成都生物研究所、农业农村部沼气科学研究所、农业农村部规划设计研究院和东北农业大学等，为相关研究提供了关键技术及平台基础。近年来，规模化生物燃气工程得到了较快发展，形成了热电联供、提纯车用并网等模式。

生物基材料及化学品

生物基材料及化学品是未来发展的一大重点。目前，世界各国都在通过多种手段积极推动和促进生物基合成材料的发展。随着生物炼制技术和生物催化技术的不断进步，促使高能耗、高污染的有机合成逐渐被绿色可持续的生物合成所取代，由糖、淀粉、纤维素生产的生物基材料及化学品的产能增长迅猛，主要是中间体平台化合物、聚合物占据主导地位。当前，我国生物基材料已经具备一定产业规模，部分技术接近国际先进水平，生物基材料行业以每年20%~30%的速度增长,逐步走向工业规模化实际应用和产业化阶段。

氢能:潜在的"终极能源"

氢能是指氢和氧进行化学反应所释放出的化学能,是一种清洁的二次能源。氢的来源极其广泛,燃烧热值高、能量密度大,被誉为21世纪控制地球升温、解决能源危机的"终极能源"。

"氢"装上阵

氢能作为一种替代能源进入人们的视野还要追溯到20世纪70年代。当时,中东战争引发了全球的石油危机,美国为了摆脱对进口石油的依赖,首次提出"氢经济"的概念,认为未来氢气能够取代石油成为支撑全球交通的主要能源。

1990年,美国政府颁布了《氢能研究、发展及示范法案》,制订了氢能研发5年计划。通过在氢能方面的长时间持续投入,美国已经形成了一套系统的促进氢能发展的法律、政策和科研方案。2003年11月,由美国主导的《氢经济国际伙伴计划》在华盛顿宣告成立,标志着国际社会在发展氢经济上初步达成共识。

风起"氢"涌

2013年,日本安倍政府推出《日本再复兴战略》,把发展氢能源提升为国策,并启动加氢站建设的前期工作。在第4次制定的《能源基本计划》中,日本政府将氢能源定位为与电力和热能并列的核心二次能源，并提出建设"氢能社会"的愿景。2019年3月，日本经济产业省发布了修改后的新版《氢能与燃料电池路线图》，对于燃料电池技术、氢供给链以及水电解技术等方面做了重点规划，提出优先发展车载燃料电池、固定燃料电池、水制氢等项目，要求到2030年左右提高氢能在能源结构中的占比，全面引进氢能发电，2050年左右实现家庭完全使用零碳氢气。

各国企业也纷纷响应政策，推出氢能产品。根据国际氢能委员会的预计，到2050年，氢能将满足全球18%的能源终端需求，创造超过2.5万亿美元的市场价值，氢燃料电池汽车将占据全球车辆的20%~25%，届时氢能将成为与汽油、柴油并列的终端能源体系消费主体。

除了终端应用领域不断推进，全球还不断完善氢能基础设施。根据市场研究公司Information Trends的《2021年全球氢燃料站市场》报告，截至2020年年底，全球已有33个国家和地区共部署了584座加氢站，其中欧盟189座，日本150座，中国111座，美国70座。在新增加氢站方面，亚洲是主导力量。2020年，中国、日本、韩国分别新增在运营加氢站49座、25座、19座。

"氢"车熟路

以氢代煤。2016年，瑞典钢铁公司（SSAB）、瑞典大瀑布电力公司（Vattenfall）和瑞典矿业集团（LKAB）联合成立了HYBRIT项目。项目的基本思路是：在高炉生产过程中用氢气取代传统工艺中的煤和焦炭（氢气由清洁能源发电产生的电力电解水产生），氢气在较低的温度下对球团矿进行直接还原，产生海绵铁（直接还原铁），并从炉顶排出水蒸气和多余的氢气，水蒸气在冷凝和洗涤后实现循环使用。采用"以氢代煤"炼铁工艺后，用氢气替代焦炭和煤炭投入高炉中作为铁矿石的还原剂，可以减少钢铁生产过程中的一部分二氧化碳排放。这一尝试预示着钢铁产业进入了一个新时代。

氢动力火车。2018年10月，全球首列搭载乘客的氢动力火车Coradia iLint于德国首次投入服务，开往下萨克森州。氢动力火车由法国阿尔斯通公司生产，时速可达140公里，每次充电后可以行驶1000公里。列车顶部安装有氢燃料箱和将氢转化为电的燃料电池。行驶过程中产生的多余能量被转移到位于列车地板下的锂离子电池中，当列车速度下降时，电池将启动。2020年11月，德国国铁（Deutsche Bahn）也宣布与西门子开发名为Mireo Plus H 的氢气动力火车，该列车有600公里左右的续航力，时速可达160公里。

氢动力飞机。2020年9月，空客公司推出了三种基于氢动力概念的飞机，其中一种是基于涡轮扇设计、航程约2000海里[①]、可跨大陆飞行、可载客120~200人的氢动力飞机。该概念飞机

---

① 1海里≈1.85公里。

由一个改装的氢能驱动燃气涡轮发动机提供动力。此外,荷兰代尔夫特理工大学还研发了氢动力无人机。该无人机使用氢燃料电池和辅助电池的组合作为动力源,配有压力300巴[①]、容量6.8升的碳复合氢气钢瓶。气缸将低压氢气输入功率800瓦的燃料电池,然后将其转化为电能为无人机供电。

---

① 1巴=100千帕。

本章小结

1990年,《门口的野蛮人》在美国出版,再现了华尔街历史上最著名的公司争夺战,被评为全球最具影响力的商业书籍之一。其实,"野蛮人"听起来是颇具贬义的称谓,但又何尝不是一条"鲇鱼",激发集体组织的活力,给其以永续发展的动力。对于人类社会而言,科技创新正是这样的"野蛮人"。

无论世界如何变化,以人类无尽创造力为力量源泉的科技秩序必然超越资源秩序,主导全球秩序,这也给予人类突破资源禀赋的机会,赋予人类掌控自身命运的能力。以资源优势谋发展、以资源制裁谋话语权终难持久有效,把握科技创新的趋势才是主导全球格局的"金钥匙"。

科技发展是否真的有迹可循?如何洞察科技变化发展的规律?5000年的人类历史中,新技术层出不穷,满天繁星的科技突破看似无迹可寻,但如果以第一性原理回归各类科技的本源,我们可以清晰地看到能量、物质、信息这三条脉络的互相交织,形成正向循环,推动科技不断进步——科技史充分证明,人类不断寻找更高效的能量利用方式,这使我们得以利用更丰富的物质材料。而对新物质的开发使人类可以研发出更高效的信息传递方式。信息的高效传递与累积推动了知识的交流互动和理论研究的进步。知识的进步又让人类尝试去利用更高效的能量，从而产生链式反应，推动新物质和新的信息传递方式出现。

我们把目光转回当下。当前第三次科技链式进步周期已接近尾声，第四次科技链式进步周期即将从能量跃迁肇始——核能、太阳能、生物质能、氢能都孕育着无比巨大的潜在动能，新秩序正以前所未有的机遇向我们迎面走来。

第二章

要素之争

人才、资本和数据

一个创新活动能否从实验室诞生，进而走向市场，需要有前瞻眼光的企业家，需要专业的研发人员，需要资金的注入，需要生产商的配合，还要有完善的制度环境……在这些复杂的过程中，哪怕出了一丝差错，也有可能导致创新的夭折。因此，创新是一项系统工程，需要一个支撑创新活动的环境，即创新的生态。人才、资本、制度、数据等生产要素，就是创新生态中的空气、水、养料，支撑创新的小树苗一步步成长壮大，变为参天大树。要推动科技创新，一定要从培土、施肥、浇水开始，为创新打造一个良好的生态，这样创新才能源源不断地涌现。

创新的经济学逻辑

创新是一种经济活动，本质特征是通过对各种生产要素的重新组合，创造新产品、新服务、新市场、新模式、新组织等。因此，创新是对传统的劳动生产的继承和超越。继承的是，都是投入原材料、得出产品，本质上都是一种投入和产出的活动。超越的是，创新活动对要素的要求更高，而且是一种创造性破坏，生产出的新产品将会取代或摧毁一切陈旧的事物。认识创新这种经济活动，要找到它背后的理论逻辑，要找到它赖以生长的那片土壤，分析土壤里的养分，这样才能保障创新不是一次历史上的偶然活动，而是可复制、可推广的，可以源源不断、喷薄而出。

供给侧视角下的经济增长

观察和认识创新等经济活动不存在放之四海而皆准的方法。主流经济学家认识经济增长，总体上可以分为两种视角。一种是从供给侧认识，另一种是从需求侧认识。需求侧是一种短期视角，通常表现为消费、投资和出口这三驾马车。供给侧是一种长期视角，认为经济增长不是无米之炊，产出要有源泉，即总产出是由资本、劳动、人力资本、资源等生产要素及其使用效率和配置效率决定的。供给侧的因素相对稳定，表现为某一时期存在一个特定的潜在增长率。这一视角对于我们认识创新，发展创新背后的要素密码，有非常重要的启示和借鉴价值。

供给侧视角下的经济增长理论，把经济增长的过程看成一个生产函数，这个生产函数把投入要素与最终产出结合起来，把经济增长的动能分解为要素投入增加和技术进步两部分。要素投入增加，主要包括劳动人口的增加、人力资本的增加、资本的积累。但是，仅仅依靠要素投入，这种经济增长是不可持续的，主要是两方面原因：一方面，要素资源都是稀缺的，一亩土地全种水稻，就不得不舍弃小麦，"鱼和熊掌不可兼得"，要素投入不可能无限增加；另一方面，土地、资本、劳动力等要素面临边际效用递减，无法成为可持续的增长源泉。

经济学家在做计量分析时发现，资本、劳动、人力资本这些生产要素投入的增长，并不能完全解释总产出的增长，因而把以上来自物理投入要素之外的产出增长的动力源泉，取了个笼统的名字——全要素生产率。全要素生产率，最早由美国经济学家罗伯特·索洛提出，是指在各种生产要素的投入水平既定的情况下，所达到的额外生产效率。例如，在一年内，一个国家的资本、劳动力和其他生产要素的投入增长率为5%，在没有其他因素作用的情况下，一国 GDP 的增长也应该是5%。如果 GDP 增长为

8%，这多出来的 3% 表现为一个"残差"，这就是全要素生产率对经济增长的贡献。比如根据著名经济学家索洛等人的计算，美国经济增长中，大约只有 1/8 归因于资本积累，1/4 归因于人口增加，1/6 归因于教育水平提高，其他将近 1/2 归因于资源优化配置、规模经济、知识积累等因素，也就是依靠全要素生产率的提升。

全要素生产率通常被视为技术进步对经济发展作用的综合反映，对保持经济持续健康增长具有决定性意义。我们一般用大写字母 A 表示全要素生产率，于是，生产函数由原来的 $Y=F(K、L)$ 变成了 $Y=AF(K、L)$。如果 A 对 K 发挥作用更多，一般是使用了更有科技含量、更有效率的机器设备，提升的是资本的效率，是资本增进型技术进步，生产函数表现为 $Y=F(AK、L)$。如果 A 对 L 发挥作用更多，可能是劳动者平均受教育年限提高，劳动力变成了熟练工，也可能是劳动力从生产效率较低的农业部门转向了生产效率较高的非农部门，提升的是劳动的效率，是劳动增进型技术进步，生产函数表现为 $Y=F(K、AL)$。此外，体制优化、组织管理改进，可以改善劳动环境，激发人的积极性，也能够带来全要素生产率的提高。因此，全要素生产率本质上是一种资源配置效率，全要素生产率的提高代表着资源配置效率的提升。

第二章　要素之争：人才、资本和数据

生产要素是基础性、先导性资源

在人类社会的每一个发展阶段，劳动的对象都在不断扩展，从而产生对时代、对社会发展最有影响的核心资源。一个国家或地区经济社会发展的水平、阶段、特征和趋势，往往取决于该国家或地区对核心资源的获取、占有、控制、分配和使用的能力。人类经济史表明，每一次经济形态的重大变革，往往催生并依赖新的生产要素，每一次经济社会的大步发展，都有一种核心的生产要素发挥着牵引作用。

在农业社会，土地是核心资源，人类的财富主要来自土地。古代的皇帝在先农坛祭先农神，行耕耤田礼，期望着每年能得到更多大自然的"恩赐"。人类社会对土地开发利用能力的高低，也直接体现一个国家或地区社会的发展水平。土地要素的变革，也会对生产力带来巨大影响。例如，圈地运动之前的中世纪，英国土地掌握在贵族教会和国王的手中，国王将土地划分给大地主贵族，因为土地关系，贵族要臣属于国王，并且承担各种义务，国王有权力允许或者禁止贵族之间的土地流转，一旦贵族死亡，国王还有权指定土地继承人。在这种权力关系下，很多贵族都产生了不满，于是掀起了圈地狂潮，这场运动的实质是把封建土地所有制改成了资本主义土地所有制。在贵族强制占领土地的情况下，农民消除了对贵族和土地的依附，传统的封建农业被动摇，商品经济渐渐发展起来。由于土地所有制的变革，农业由过去的小农经济转变为新兴大规模的资本主义农业。土地的集中化大大提高了生产效率，创造了更多的财富和价值，为英国率先掀起工业革命攫取了第一桶金，进而为"日不落帝国"夯实了基础。

再如劳动力。劳动力作为重要的生产要素，对于经济快速增长，以及人民收入和生活水平的提高，都具有显著意义。改革开放后，中国承接世界范围内初级产品加工制造业的产业转移，凭借劳动力资源优势释放了可观的"人口红利"，大力发展劳动密集型产业，迅速成为"世界工厂"，实现了前所未有的经济高速增长。

进入工业社会后，资本这一要素扮演越来越重要的角色。从国际经验看，任何一个大国的崛起，无一不是和资本紧密联系。面积狭小的荷兰，率先建立了资本主义制度，引领欧洲从中世纪的黑暗中苏醒过来，一跃成为当时的世界海上霸主。最早引入产业资本的英国，成就了此后近两百年的"日不落帝国"。在美国崛起过程中，始终可以看到资本市场在其中发挥核心作用。19世纪末，依托于一个日益强大的资本市场的美国经济，相对于当时世界其他国家有着强大的制度优势，以一日千里的速度向前发展，最终成功地在第一次世界大战前后超越了欧洲列强，成为迄今仍然无人匹敌的"超级大国"。

我国从站起来、富起来到强起来，同样离不开资本的助力。习近平总书记指出："在社会主义市场经济体制下，资本是带动各类生产要素集聚配置的重要纽带,是促进社会生产力发展的重要力量,要发挥资本促进社会生产力发展的积极作用"。① 2012年至2021年,我国民营企业数量从1085.7万户增长到4457.5万户,10年间翻了两番,民营企业在企业总量中的占比由79.4%提高到92.1%。如果现在还有人怀疑中国要不要资本,那么答案显而易见——在社会主义市场经济体制下,资本依然是带动各类生产要素集聚配置的重要纽带,是促进社会生产力发展的重要力量。

如今,进入数字经济时代,数据正逐渐成为驱动经济社会发展的新的生产要素,创新函数进一步得到拓展。《经济学人》2017年5月的封面文章大胆预言:"数据是新的'石油',也是当今世界最宝贵同时也是最需要加强监管的资源。"现如今,数据已经出现在经济社会的各个角落,大量的数据被生成、记录与整理,数据产业积厚成势。2017年12月8日,习近平总书记指出:"要构建以数据为关键要素的数字经济。建设现代化经济体系离不开大数据发展和应用。"② 数据的生产要素地位得到进一步明确。

前不久中信出版社出版的《第四产业:数据业的未来图景》,

---

① 《加强创新链与资金链深度融合》,参见:http://www.xinhuanet.com/politics/20230220/786b3aff13fd40c6b7ced874eb7a296b/c.html。——编者注
② 习近平关于网络强国战略的精彩论述摘编,参见:http://www.dangjian.cn/djw2016sy/djw2016wkztl/wkztl2016djwztk/specials/wlqg/wlqgyw/201804/t20180424_4664878.shtml。——编者注

也提出这一观点。这本书通过考察从农业到工业、工业到服务业的历史演进,发现历史上每出现一种新的生产要素,就会对产业发展、变迁、演进、迭代、置换产生重大而深远的影响。《第四产业:数据业的未来图景》认为,正是生产要素的更替,才推动实现了"人类从刀耕火种到美好生活、从有限供给到无限供给、从旧生产力到新生产力"的历史性转变,生产要素是满足人类美好生活需要的基础性、先导性资源。

这意味着,任何时代经济的裂变式增长与跨越式发展,都得基于生产要素的积累与增加。要推动创新,就一定要在要素上做文章,只有把要素备齐,才能"起锅烧油",做出一道创新的大餐。其中,最重要的要素就是三种:人、资本和数据。

创新之要，唯在得人

2011年，美国加利福尼亚州政府将苹果、谷歌、英特尔、奥多比四家著名的高科技公司告上法庭，理由是这四家公司相互承诺不抢夺人才。当时，四家公司的市值超过6500亿美元，对加州乃至美国经济都影响至深。为了维持市场稳定，避免人才竞争，四家公司签署了互不抢夺人才的协议。可是，加州政府认为，四家公司违反了加州政府鼓励人才自由流动的法律规定。

三年后，法院判定四家公司败诉，并处罚金3.24亿美元。四家公司不服，提出上诉，结果法院不仅维持了原判，还把罚金增加到4.15亿美元。这样的判决对公司似乎太过严厉。我们不禁要问：加州政府到底要维护什么呢？

加州政府的理由是，只有促进人才流动，加强公司之间的竞争，才能带来长期的科技创新。没有对员工跳槽离职的包容，硅谷将失去活力的本质。所以，加州政府宁可折损最成功的公司，也要守卫人才流动的准则。

可见，人才对于硅谷，发挥了多么重要的作用。实际上，全部科技创新史都在证明，谁拥有了一流的创新人才、拥有了一流科学家，谁就能在科技创新中占据优势和主动。

相伴而生：科学中心与人才中心

纵观人类历史，科技和人才总是向发展势头好、文明程度高、创新最活跃的地方集聚。人类社会从农业社会逐步进入工业社会和信息社会，每一次大的跨越，都会形成一个科学中心和人才中心。

在农业文明阶段，中国是当时全球顶尖科学家的聚集地和全球原始创新的发源地，张衡、祖冲之、沈括、郭守敬等一批世界顶级科学家，推动铜、铁等物质科技，水车、风车等能源科技，造纸术、印刷术等信息科技，马车、帆船等交通科技和中医等生命科技取得突破性变革，使中国在数学、生物医药、天文物理等方面引领全球，成为人类农业文明的中心。

16世纪以来，随着文艺复兴、宗教改革运动和启蒙运动在欧洲的爆发，欧洲思想获得巨大解放，自然科学得到快速发展，全球的科学中心和人才中心逐步向欧洲转移，16世纪的意大利、17世纪的英国、18世纪的法国、19世纪的德国相继出现了一批世界顶级科学家，推动全球完成两轮科技革命，使欧洲成为人类文明新中心。

在意大利，文艺复兴运动促进了科学发展，产生了哥白尼、伽利略、达·芬奇、维萨里等一大批科学家，诞生了《天体运行论》《人体结构》、天文望远镜等一大批科学名著和科学发明。

在英国,培根经验主义理论和"知识就是力量"的理念加速了科学进步,出现了牛顿、波义耳等科学大师,开辟了力学、化学等多个学科,成为推动第一次工业革命的先导。

在法国,启蒙运动营造了向往科学的社会氛围,出现了拉格朗日、拉普拉斯、拉瓦锡、安培等一大批卓越科学家,在分析力学、热力学、化学等学科领域取得重大突破。

在德国,出现了爱因斯坦、普朗克、欧姆、高斯、黎曼、利比希、霍夫曼等一大批科学家,创立了相对论、量子力学、有机化学、细胞学说等重大科学理论。

爱因斯坦到底有多厉害?

2000年,美国《时代周刊》评选了100位世纪人物,每个人都是20世纪的顶尖人物。从这100位伟人中,《时代周刊》又选择了一位作为年度杂志的封面,这个人就是爱因斯坦。

爱因斯坦是人类历史上数一数二的科学家,他的高智商更是世间难得一见的(据说爱因斯坦大脑中负责数学运算的部分比常人大15%),他一生的科学成就对人类科学进步发挥了至关重要的作用。1905年，仅仅一年的时间，26岁的爱因斯坦连续发表了5篇赫赫有名的物理学论文，这一年被称为爱因斯坦的"奇迹年"。就在这一年，爱因斯坦解释了布朗运动，印证了原子和分子的存在；他发现了光电效应，向量子力学迈出了关键一步，并因此获得了1921年诺贝尔物理学奖；他创立了广义相对论，完全改变了我们对时间和空间的认识；他还创造了世界上最著名的质能方程式 $E=mc^2$ 等具有划时代意义的物理学理论。

著名物理学家杨振宁曾说："20世纪物理学三大贡献中，两个半都是爱因斯坦的。"杨先生所说的"20世纪物理学三大贡献"，指的是狭义相对论、广义相对论和量子力学。二战前后，爱因斯坦移民美国。1939年，爱因斯坦向罗斯福总统建议，应抢在纳粹之前研制出原子弹。在他的建议下，美国开启"曼哈顿计划"，第一颗原子弹、第一台电子计算机都在美国诞生，美国由此成为全球科学领导者，人类也从此步入"核时代"。

20世纪的美国，集聚了费米、冯·诺伊曼等一大批顶尖科学家，出现了贝尔、爱迪生等一大批顶尖发明家，推动人类在计算机、互联网等信息科技,合金材料、新型轻质化材料等物质科技,核能等能源科技,卫星、火箭等空间科技方面再次实现质的飞跃。正是借助顶尖科技人才,美国率先掌握了核武器,从而取得了第二次世界大战的战略主动。战后至今,同样是因为高度重视科技人才的作用,美国得以在军事、医学、制造业、互联网等不同的领域中长期保持领先优势。从某种意义上说,"美国价值观"的形成及其影响力,不完全来自国会中那些政客的种种大国考虑、政治博弈以及利益追逐,更来自麻省理工或斯坦福等大学实验室中持续稳定的科技创新、前沿探索和成果输出。这一时期,美国获得了近70%的诺贝尔奖,产出了占同期世界总数60%以上的科学成果,集聚了全球近50%的高被引科学家,使美国抓住第三次科技革命的机遇,成为人类信息文明的中心。

以上史实充分说明:哪个国家成为世界人才中心,哪个国家就会掌握科技创新的主动和先机;哪个国家拥有人才上的优势,哪个国家最后就会拥有科技优势、实力优势、竞争优势。

当前,新一轮科技革命和产业变革加速推进,全球知识经济纵深发展,新技术、新模式、新业态不断涌现,创新成为驱动发展的核心动力。创新驱动本质上是人才驱动。没有强大的人才队伍作为基础,科技创新就是无源之水、无本之木。我国要加快建设人才强国,基本前提是尊重劳动、尊重知识、尊重人才、尊重创造,最大限度激发各类创新主体和科研人员的积极性、创造性,最大限度盘活人才资源、发挥人才效能、激发人才动力。对我国而言,我们比历史上任何时期都更加渴求人才。但是,我国人才顶端优势和技能型人才基座都尚不牢固。比如说,2021年,美国本科及以上学历人口占总人口比例为37.9%。第七次人口普查数据显示,我国本科学历人口占比不到4%,远低于美国水平。至于战略科学家等"关键少数",则更是匮乏。比如:美国有18位数学家获得过数学领域的最高奖——菲尔兹奖,我国至今无人获得;美国有55位科学家获得过计算机领域的最高奖——图灵奖,我国仅1位台湾科学家获得过该奖。又如,我国的技能型人才基座也不稳固。人社部数据显示,全国技能人才总量超过2亿,仅占就业人员总量的26%。其中,高技能人才有6000万人,占就业人员总量的8%,而美国高技能人才占比30%左右,日本、德国等国家占比高达40%~50%。

因此,要全面建成社会主义现代化强国,要建成世界科技中心,就要求我们完善人才战略布局,加快建设世界重要人才中心和创新高地,着力形成人才国际竞争的比较优势,建设一支规模宏大、结构合理、素质优良的人才队伍。

创新人才的基因:人人都可以成为创新者

人才是指具有一定专业知识和专业技能,进行创造性劳动并对社会做出贡献的人,是人力资源中能力和素质较高的劳动者。

科技人才是指具有专门技能并从事科技活动的劳动力。那么科技创新人才是在什么样的环境里成长起来的,有什么共性的基因?经过对众多创新者的回顾,可以得出结论,多数创新者都具备长远的眼光、科学的方法论、长期的坚持,以及科学家精神和企业家精神。

长远的眼光。我国航天事业的奠基人、"两弹一星"元勋钱学森就曾以穿透时空的眼光眺望未来,对21世纪科技发展的机遇与挑战做了精辟的预见性分析。他说,21世纪是"科技立国"世纪,是"科技战""智力战"。高技术是一个国家的经济、政治、军事实力,即综合国力的主要标志,也是一个国家和地区有没有能力屹立于世界的主要标志。只有掌握高技术,才能夺取战略"制高点",在未来"科技立国"的"科技战"中掌握战略主动权,才能有效地抓住认识今天和把握明天的钥匙,才能在全球性的竞争中立于不败之地。如今,这些预言已经成为现实。

当今世界正经历百年未有之大变局,谁在创新上先行一步,谁就能拥有引领发展的主动权。以更高站位和更长远眼光来看待科技创新,尤其是在对重要创新领域进行布局时,要"计之深远",紧跟世界科技发展大势,对标一流水平,根据国家发展急迫需要和长远需求,敢于提出新理论、开辟新领域、探索新路径,多出战略性、关键性重大科技成果,不断攻克"卡脖子"关键核心技术,不断向科学技术广度和深度进军。

科学的方法论。牛顿曾说他站在笛卡儿的肩膀上，除了肯定笛卡儿在数学上的贡献，还有更深一层的含义，那就是他和同时代的科学家之所以能够非常高效地发现各种自然规律，也得益于笛卡儿提出的科学方法论。笛卡儿之前的科学家并非不懂研究方法，只是他们的研究方法大多是自发形成，非常依赖于自身的绝佳天赋、聪慧悟性或特殊机遇。古希腊著名天文学家喜帕恰斯能发现一些别人看不见的星系，原因之一是他的视力超常。开普勒发现行星运动三定律，是因为从他老师第谷手里继承了大量宝贵数据。亚里士多德能成为古代史上伟大的哲学家、科学家、教育家，很大程度也依赖于他的学生亚历山大带着他到达世界各地。这些条件往往难以复制，以至于科学的进步难以持续。直到笛卡儿总结出完整的科学方法——科学研究是通过正确的论据（前提条件），进行正确的推理，得到正确结论的过程。后来的科学家遵循这个方法，进行精确可重复性试验，从而真正具备了"上帝视角"，从"大约"地观察世界进化到"精确"地观察自然现象和实验结果，大大提高了科技创新的效率。

牛顿的成功是方法论的成功

牛顿是英国物理学家、数学家和天文学家，经典物理学理论体系的建立者，其主要贡献是：在力学上提出三大运动定律和万有引力定律，在数学上发现了微积分运算方法和无穷级数理论，在光学上创制了反射望远镜并提出光的微粒说等。爱因斯坦曾赞扬牛顿说："在他以前和以后都没有人能像他那样决定着西方的思想、研究和实践的方向。"

科学史常把牛顿时期界定为现代科学的起点，其标志是认识自然的深度进入本质层次。认识自然按深刻程度可以分为三个层次：第一个层次是认识其存在和表象，第二个层次是认识其表象的经验规律，第三个层次是认识其本质的自然规律。前两个层次"知其然而不知其所以然"，通常只对一事一物有效。例如，在牛顿所处的时代，哥白尼提出了日心说，开普勒总结归纳了行星运动三定律，伽利略发现了惯性定律和自由落体定律，这些都是孤立的、逻辑上各自独立的东西。第三个层次从"知其然"跃升到"知其所以然"，适用范围是具有这种共同本质的所有事物。

牛顿的伟大之处在于，其建立的经典数学和力学体系，不仅能说明已有理论已经说明的现象，如伽利略发现的惯性定律和自由落体定律，而且能够解释已有理论不能解释的现象，如开普勒的行星运动三定律，更重要的是还能够预见新的物理现象，如预测海王星和冥王星的存在。

长期的坚持。万丈高楼平地起，做任何事情都需要一步一个脚印，推进科技创新也是如此，急功近利永远是创新的对立面。推动基础研究取得进展，带动应用研究自主创新，实现关键核心技术重大突破，这些都非一朝一夕之功。当年我国研制原子弹，面对重重困难，广大科技人员直面问题、迎难而上，凭借惊人的毅力和顽强的意志，进戈壁、斗风沙、战艰险，干惊天动地的事，做隐姓埋名的人，最终让全世界听到了"东方巨响"。科技创新崇高而艰辛，存在不以人的意志为转移的客观规律，是一个量的积累过程，等不得、慢不得、也急躁不得。真正的科技创新必须立足于长期主义，敢于承担成本风险，埋头苦干，树立起长期奋斗的思想意识。

科学家精神和企业家精神。科学家和企业家，分别代表着推动人类社会进步的两大要素：一是科学技术，二是商业行为。没有科学技术的推陈出新、更新迭代，就没有人类文明从肩背手扛的手工时代向蒸汽齿轮的机器时代的进步，更不会有信息时代和智能时代的智慧迸发；同理，没有商业文明的繁荣，就没有大规模的物质生产，也不会有今天兴旺发达的人类社会。正如恩格斯曾说的："社会一旦有技术上的需要，则这种需要就会比十所大学更能把科学推向前进。"在爱迪生发明白炽灯前，采用灯泡的想法已经有了半个世纪之久，英国物理学家斯旺比爱迪生早八个月发现了碳丝电灯泡。但是两人最大的区别是，斯旺发明了一个产品，爱迪生却创造了通用电气公司。爱迪生就是一个兼具专业和管理的发明家。在科技创新中，企业家了解市场需求的最前沿，科学家了解科学技术的最新方向，两者结合才能使得更多的科技研发项目落地应用。

专有土壤：寻找创新人才的基因

优良的种子需要肥沃的土壤和适宜的阳光雨露，优秀科技人才的成长需要崇尚创新、鼓励探索、追求卓越、宽容失败的文化氛围，需要让人才心无旁骛、潜心治研的良好条件和环境。只有充分认识和遵循科技人才成长和发展规律，才能加快形成人才辈出、人尽其才的生动局面。

容错的氛围。著名科学家钱学森指出，正确的结果是从大量错误中得出来的，没有大量错误做台阶，就登不上最后正确结果的高峰。科技创新研究有很大的不可预见性，最终能够获得成功，都是从成百上千次失败中得来的。有资料显示，科研创新成功率仅有10%左右。也就是说，创新中失败乃是常态。1921年，美国经济学家富兰克·奈特就对创新和不确定风险做了区分，认为不确定风险有统计规律可循，创新没有统计规律可循，因为创新是独一无二的。一项创新是否能够成功，事先没有办法预料，特别是因为创新本身的价值依赖于后续的一系列创新活动。

以计算机为例，1945年IBM发明计算机，但是当时它并没有真正的实用价值,所以IBM没有将其马上投入市场。为什么?因为当时计算机需要的是真空管,真空管不仅成本高,而且速度非常低,在经济上是没有效率的。直到15年之后,20世纪60年代初出现集成电路技术,才使得计算机有了真正的商业价值。计算机因此才成为经济中的重要推动力量。

不确定性意味着事先没有办法规划。在创新领域,"一将功成万骨枯"其实非常常见。我们听到了很多成功的故事,很容易忘记还有很多失败的故事。

试错新解——任正非的"灰度理论"

任正非反对非黑即白的用人观,多次讲,有文化洁癖、道德洁癖的人是做不了企业领袖的。做企业不是培养和尚、牧师,要容得下各种异类人。华为有一个蓝军参谋部,任务就是唱反调。他们具有鲜明的否定性风格,是一批典型的"乌鸦嘴"。建立红蓝对抗机制,就是为了让企业时刻保持清醒的头脑。

华为的包容精神更体现在鼓励试错。任正非曾对研发人员说:不要说什么一次投片成功,世界上没有神仙。允许试错、鼓励试错,才是创新文化的核心特质。

探新路者必然容易失败，因为他们要独自面对未知世界的众多不确定性；也容易孤独，因为走新路的人并不多。孤独最需要的是理解和宽容。美国硅谷几十年魅力不减，不断产生着这个时代人类最好的"玩具"和最耀眼的企业，很重要的一点——失败在那里不是被嘲笑，而是被谅解，甚至被重视、被尊重，正如那句流传于世的金句所表达的："失败是我们最重要的产品。"在创新领域，敢于试错，鼓励试错显得尤为重要。

自由的畅想。科学研究具有灵感瞬间性、方式随意性、路径不确定性等特点。允许科学家自由畅想、大胆假设、认真求证，离不开自由的空气。在谷歌公司，工程师们拥有20%的自由时间去研究自己钟爱的项目。在他们看来，在研究和发明自己热爱的东西时，在"玩"中干，在干中"玩"，往往就产生了创新，这是一个享受乐趣的过程。比如谷歌邮箱、谷歌新闻等许多著名的产品，都源自这项让员工拥有20%的自由时间的政策。只有让科学家有职有权有闲，有更大的技术路线决策权、更大的经费支配权、更大的资源调动权，才能让科学家"乐"坐冷板凳，自由探索，勇攀科学高峰。

全球著名的军工企业洛克希德·马丁公司最为核心的部门叫作"臭鼬工厂"。多年来，其推出的P-80"流星"、U-2"黑寡妇"侦察机、SR-71"黑鸟"高速侦察机、D-21无人机、F-117"夜鹰"轰炸机、F-35、F-22等都是各个时代战机界的

"天花板"级产品。几十年来,"臭鼬工厂"的企业掌门人换了一任又一任,但不变的是源源不断的创新活力和层出不穷的科技人才。今天,"臭鼬工厂"依旧保持旺盛的发展势头。

如何激发员工的创意灵感?"臭鼬工厂"有自己的办法。每隔一段时间,"臭鼬工厂"都会向员工发一页白纸,让他们写下自己的创意。无论员工的创意多么天马行空,只要他能说服公司,就能获得创新的机会。创意提交上去后,专家会根据创意价值进行评估和筛选。10%的创意有机会获得资金支持,创意提出者可以将自己绝大部分的时间用于实现自己的创意。如果研究取得进展,"臭鼬工厂"还会正式立项,并组建团队来推动。公司为员工的创意买单,这一举措极大地激发了员工的创新动力。

比如,冷战期间,美国侦察机在飞行过程中,发动机会产生大量热量,很难规避对方的红外侦测。为了破解这个难题,热力学工程师本·里奇大胆提议,为侦察机喷上黑色涂料,以吸收飞行过程中产生的热量,减少被对方发现的概率。尽管黑色涂料会增加飞机重量,但"臭鼬工厂"仍然放手让本·里奇一试。3个月后,试验成功了,举世闻名的U-2"黑寡妇"高空侦察机横空出世。本·里奇后来也成为"臭鼬工厂"第二代掌门人。

思维的碰撞。一群人在一起打磨,是所有科学、思想产生的重要条件。科技创新也是一样,不是单个厉害的头脑就能实现的,需要厉害的头脑凑到一起,相互启发,相互激荡,通过头脑风暴,碰撞出创新的火花。纵观人类历史上的重大发现,在空间上和人口上的分布都是极其不均衡的——总是极少数人,在极少的几个地方改变世界。

历史上,古希腊就是哲学家聚集的地方,几何学、逻辑学最早都在柏拉图创办的学院中产生。在我国古代齐国都城临淄当时最有名的学院——稷下学宫,150年间上千人在那里争鸣。在中世纪文艺复兴时期,但丁等文艺复兴先驱都出现在佛罗伦萨周边的几个村镇。英国剑桥、美国硅谷,都是不大的地方,但是世界上最先进的思想都诞生在那里。我国古人讲:"积土成山,风雨兴焉;积水成渊,蛟龙生焉。"创新就是要形成一个高浓度、强引力的"场",让所有的观点、思想在这个高密度的"场"内百家争鸣、百花齐放。把想做事、能做事的人聚集在一起,推动形成知识外溢效应,从而驱动创新。

在吸引人才方面,美国的人才政策直接又霸道。第二次世界大战时期,美国依靠以"阿尔索斯"命名的美军侦察部队,通过强制和非强制手段,把战败国德国、意大利的几千名科学家、工程师带到了美国,迅速集聚了急需的原子物理学、核物理学、化学和数学等军工领域的专家。二战后,为了配合美国产业结构的调整,美国的海外人才引进政策发生了变化,将海外引进人才的目标转向了各类专业研发和技术人才。进入21世纪以来,美国连续修订、出台了《美国竞争力法案》《加强自然科学技术工程学及数学教育法案》等一系列有关国家未来科技人才发展规划的重要法案及政策。1901—1933年,美国诺贝尔物理学奖获得者仅3人,化学奖获得者2人,生理学或医学奖获得者1人。自20世纪60年代开始,美国不断修改《移民法》,持续保持对世界人才的吸引力。从1960年到2013年,美国有72名移民科学家获得了诺贝尔奖。

美国对海外人才的吸引,主要通过四种方式实现。第一,制定移民政策吸引急需的高端人才,比如设立了"投资移民"条款。凡能在美国农业地区投资50万美元以上,在城市投资100万美元以上的移民均可入境。再如,引入外侨登记卡(绿卡)制度。这实际上是一种长久居留身份的证明,凡绿卡持有者可以方便地进出美国,在美国住上一定时期后可以申请加入美国国籍。第二,设立各种基金援助计划奖励使用高端人才。1969—1980年其对古巴难民的援助导致80万古巴难民逃往美国,其中不乏优秀人才。美国对菲律宾的援助则以允许菲律宾高级科学家移居美国为前提。1968年苏联进驻捷克斯洛伐克,美国又趁机接纳了1500名捷籍科技人员。苏联解体后,美国制订了一个科学腾飞的过渡阶段方案,又趁机挖走了苏联航空及核技术领域数千名专家和技术人才。第三,持续加大对海外留学生的吸引力度。美国政府每年通过提供奖学金接受各国学生及学者赴美学习,如国际开发署和一些基金会都为第三世界国家的留学生提供了种类繁多的奖学金。他们毕业后大多数会留在美国工作，成为美国经济发展所需的高端人才。第四，大力发展猎头产业，将猎头产业提升到执行和落实国家人才战略的高度。美国还通过本国的跨国公司，通过实施"人才本土化"战略招募分支机构所在国的大量优秀人才，设立海外研发机构网罗研发人才，在海外兼并企业招聘高级经营人才，从而集聚全球高级人才，为美国实施其科技战略意图提供有力的人才支撑。

二战后"明抢顶尖科学家"，助力美国科技腾飞

1943年，诺曼底登陆之后，美国迅速以1个伞兵师、2个装甲师加上第6集团军重兵出击，目的是掩护一支刚刚成立的"阿尔索斯"突击队的秘密行动。"阿尔索斯"间谍部队的唯一任务，就是抢在任何国家尤其是苏联之前，俘虏德国、意大利那些优秀的、世界知名的科学家，搜集技术情报与资料，并劝服这些可以改变国家战略实力的科学家加入美国国籍，为美国工作。

这是罗斯福总统生平采纳的最有远见的建议之一。当时，美国和苏联同时攻入德国，为了战后发展，都在占领区掠夺自认为最值钱的资源。当苏联集中精力"抢运"成千上万的

> 机器和设备时，美国正在抢夺高学历"战俘"，将他们跨洋过海地运回美国。对于国家未来发展最重要资源的看法的不同，也导致了两个超级大国后来截然不同的命运。
>
> 二战之前，德国获得诺贝尔奖的科学家总数甚至是美国的3倍。但人才战争半个世纪过后，全世界自然科学领域诺贝尔奖得主40%已经来自"美国制造"，超过70%的诺贝尔奖得主被美国聘用，在美国工作。美国能够在二战后成为世界第一科技强国，并在高科技领域持续保持"一览众山小"的绝对优势，并不是因为美国人的天赋远超其他族群，而是因为美国不问种族、不分国籍的人才战略，成功地吸聚到了全世界最多的顶尖人才。从原子弹、氢弹、导弹、火箭的研发，到阿波罗登月计划的实施，再到电子计算机的诞生与应用，美国在这些尖端技术领域的突破，每一个项目都有外国科学家充当关键性角色。

强大的团队。人类科学发展史表明，科技人才成长存在"共生效应"，名师大家往往产生于优秀团队。创新历史进程也表明，很长一段时间科学研究主要以个人兴趣爱好为驱动，以个体研究为主。但第二次世界大战中各国对军事工业的需求，极大地促进了科学和技术的发展，科学研究结构越来越复杂，速度越来越迅猛，规模越来越庞大，对社会的影响力也越来越大，已经远远超出个人的能力范围。以20世纪40年代美国"曼哈顿计划"为标志，科学前沿不断向宏观拓展、向微观深入，推进极端条件下的综合性、复杂性科学研究能力显著增强，科技创新进入大融通时代。靠个人单打独斗已经不可能承担起科技创新的使命，世界科学研究的主要组织方式已经告别单枪匹马、手工作坊式，进入多主体融合、整体推进的"大科学"新阶段，建制化成为科技创新的关键要素。只有推动各类创新主体融合，集中优势资源，凝聚顶尖人才和团队，才能形成强大合力，实现重大创新突破。

严峻问题：我国科技人才队伍"大而不强"

中华传统文化历来有尊重人才的价值传统。《墨子·亲士》就人才对国家发展的重要意义写道："归国宝，不若献贤而进士。"我国很早就有人才推举制度，战国时期"养士之风"盛行，具备一技之长的士子有机会突破门第和阶层的限制，凭借自己的真本事参与国家治理；汉朝建立了选拔官吏的"察举制"，确立了自下而上推选人才的制度体系；从隋朝开始正式创立的科举制，打破了血缘世袭关系对人才选拔的束缚。然而，由于没有抓住工业革命的机遇，人才选拔观念因循守旧，科举制变成"八股文"考试，我国科技和人才队伍建设长期落后。新中国成立尤其是改革开放以来，尊重知识、尊重人才的思想重新成为社会主流价值观，"科学技术是第一生产力"的重要论断，释放了人才队伍建设的积极性和主观能动性。

经过长期发展，我国积累了雄厚的物质基础，储备了世界上规模最大的人力人才资源，科技创新能力突飞猛进，正在释放更大的发展潜力。全国人才资源总量从 2010 年的 1.2 亿人增长到 2019 年的 2.2 亿人，其中专业技术人才从 5550.4 万人增长到 7839.8 万人。各类研发人员全时当量达到 480 万人年，居世界首位。根据 OECD（经济合作与发展组织）的数据，2018 年我国研究人员总量约为 187 万人，领先于美国 143 万人、日本 68 万人、德国 43 万人和印度 34 万人。其中，我国科学（science）、技术（technology）、工程（engineering）、数学（mathematics）四个专业本科及以上毕业生人数世界领先，2018 年为 179 万人，是美国的 3 倍、德国和英国的 9 倍、日本的 12 倍、韩国的 13 倍。此外，我国基础教育扎实，2020 年各种形式的高等教育在学总规模为 4183 万人，高等教育毛入学率为 54.4%，高于中高收入国家平均水平。可以说，我国已经拥有一支规模宏大、素质优良、结构不断优化、作用日益突出的人才队伍。与此同时，我国对国际人才的吸引力持续增强。教育部统计数据显示，1978 年至 2019 年，各类出国留学人员累计达到 656.06 万人，其中 423.17 万人在结束学业后选择回国。2021 年回国创新创业的留学人员首次超过

100万人。中国已进入"海归"时代,"海归"回流呈平稳增长态势,将在创新创业、技术突破、民间外交等方面发挥更大作用。

但是,我国人才队伍结构性矛盾突出,人才政策精准化程度不高,人才发展体制机制改革还存在"最后一公里"不畅通的问题,人才评价唯论文、唯帽子、唯职称、唯学历、唯奖项"五唯"等问题仍然比较突出。在多种问题的影响下,我国人才质量和发达国家相比仍有较大差距。

论文引用量低于国际领先水平。这些年,我们国家科技工作者发表论文呈井喷之势,仅在英文刊上发的论文,2021年就有68万篇,已经赶超美国,跃居世界第一。但单篇论文的累计引用量与美国还存在较大差距。我们的英文刊虽然成长很快,从244种增加到现在的436种,但仍远远不能满足我们国家科技工作者要发高影响因子刊的需求。这几年,国际重要期刊检索库目前收录我国科技期刊的数量翻了接近一番,从152种增至257种,刊均影响因子也由过去的1.13升到4.42,增长了2.9倍。但是,只有25种期刊的影响因子学科排名进入国际前5%,20种期刊位列学科前三,仅有三种期刊进入全球百强。很多科研人员有科技成果论文要发表,第一时间都想到要投《自然》《科学》等欧美国际期刊,在我们自己国家的英文刊上发的偏少。

关键"卡脖子"领域顶尖人才缺乏。近年来,经济全球化遭遇逆流,国际经济循环格局发生深度调整,美国对我国产业和技术封锁遏制加码，一纸禁令就可以使得一个企业、一个行业陷入困境乃至"休克"，这背后都是因为顶尖人才不足。前文提到，我国本科学历人口占比不到4%，远低于美国水平。2021年，美国研究生学历以上人口近3250万。第七次人口普查数据显示，我国研究生学历人口为1077万，仅为美国的1/3。如果看战略科学家等"关键少数"，那就更少了。截至目前，诺贝尔自然科学奖获得者中，美国有295人次，我国仅屠呦呦一人获奖。除了前文提到的菲尔兹奖和图灵奖，即便是在高铁领域，我国已经实现了时速350公里的高铁技术的大规模应用，时速600公里的磁悬浮列车也已经研制成功，但时速350公里等级"复兴号"中国标准动车组轴箱轴承、齿轮箱轴承、牵引电机轴承仍依赖进口。此外，我国创新研究型人才较为缺乏，关键行业的高质量人才缺乏现象更加突出。以集成电路产业为例，根据《中国集成电路产业人才白皮书（2019—2020年版）》，2021年前后全行业人才需求规模预计达到72万。而上一版白皮书透露，2018年国内高校集成电路相关专业毕业生仅19.9万人。

虽然我们在改革人才培养、使用、评价、服务、支持、激励等机制方面下了很大功夫，但是人才发展体制机制改革"破"得不够、"立"得也不够，既有中国特色又有国际竞争比较优势的人才发展体制机制还没真正建立。例如，2022年上半年，中国人民大学、南京大学、兰州大学等高校声明不再参与世界大学排名，不会再向世界大学排名机构提供数据。这似乎成为我国人才培养的一种觉醒，反映了中国大学、中国教育、中国文化的自主性和勇气。但是退出排名只是一种形式，更重要的是建立起具有中国特色的高等教育评价体系，清除高等教育排名"商业化"影响，为世界大学排名提供中国智慧、中国方案和中国道路，以中国学术自立自强推动高校回归培养人才的本职。

现实表明，我国是人才大国，而非人才强国的基本态势尚未完全扭转，人才创新力、竞争力不够强，高精尖人才队伍与大国地位不匹配，产业骨干人才供给不充足，人才队伍"大而不强"的问题还没有很好地解决。

如何破解？

党的二十大报告提出"实施科教兴国战略，强化现代化建设人才支撑"，这是党代会报告第一次单独成章对教育、科技、人才工作进行一体部署。党的二十大报告还将"教育、科技、人才"一体表述为全面建设社会主义现代化国家的基础性、战略性支撑，也是本次报告一大亮点，体现着党中央对世情、国情、党情的深刻洞察，在百年变局和世纪疫情相互交织的大背景下，这一战略性举措更显意义重大，也必将影响深远。

加快建设国家战略人才力量是一项系统工程，必须遵循人才培养、使用和发展规律。从队伍结构上看，合理的科技人才队伍呈金字塔形结构，战略科学家和科技领军人才作为"塔尖"，代表着科技人才队伍的最高水平；青年科技人才作为"塔基"，构筑起科技人才队伍的雄厚基础。要针对不同类型、不同阶段科技人才的特点培养和使用人才。

"统军持势者，将也；制胜败敌者，众也。"战略科学家是科学帅才，是国家战略人才力量中的"关键少数"，既是扎实的科学家，也是优秀的战略家，不但一线经验丰富，而且还站得高、看得远；他们既是坚定的爱国者，也是卓越的领导者，能够带领大团队攻克重大科技难关。今天，我国加快建设世界重要人才中心和创新高地，必须在人工智能、量子信息、集成电路、生命健康、生物育种、空天科技等战略必争领域和重要前沿基础领域，大力培养战略科学家。

颜宁回国

2022 年 1 月，著名结构生物学家、美国科学院外籍院士颜宁现身深圳，宣布全职回国，加盟深圳医学科学院，并担任首任院长。

"二次回国"的颜宁表示，"近年来我愈发感觉到，在实验室育人、看到一代代的年轻人在接受我的科研指导之后去

> 拓展自己的一片天空,做出更多成果、培养下一代科学家,那种传承的成就感甚至已经超越了我自己做出科研突破的快乐"。她期望:"在10年、20年之后,在世界生物医药的版图上,深圳占有重要的一席之地;当大家说起生物医药的大湾区,首先会想到的就是东半球的这里!"

同样,我们不能忽视的是,战略科学家也必须经过千锤百炼才能成钢。战略科学家成长于科研一线,也成就于科研一线,是在解决"中国之问、世界之问、人民之问、时代之问"中历练和成长起来的。比如,我们熟悉的"歼8之父"顾诵芬,就是长期带领大兵团作战,通过组织和领导低、中、高三代飞机中的多种飞机气动布局和全机的设计,克难题、涉险滩,一步步成为大师级的领军人物,为我国航空武器装备跨代升级发展做出了巨大贡献。同时,还要发挥战略科学家培养的整体作用。国家实验室、国家科研机构、高水平研究型大学、科技领军企业都是国家战略科技力量的重要组成部分,要充分发挥各种战略科技力量的协同协作效应,形成合力,共同打造战略科学家的摇篮。

为什么战略科学家如此重要?

20世纪以来,随着科学的发展,尤其是技术上的突飞猛进,科学技术与工业工程的结合成为不可逆转的时代潮流,宣告了大科学时代的到来。大科学时代的典型特征就是科学技术逐渐演变为一项高度复杂的庞大系统工程,科学研究的复杂性、系统性、协同性显著增强,不仅需要耗费惊人的人力、物力,而且需要众多的科学家集体作战攻克难关。由此,关于大科学工程的谋划、组织、管理就变得十分重要,承担此功能的战略科学家、组织科学家应运而生。他们不是某项技术难关的攻克者,却是技术难关的研判者、攻克难关的组织者。没有他们,大科学工程就难以高效有序地推进。可以说,他们是大科学工程的灵魂人物。

20世纪五六十年代,钱学森、钱三强、华罗庚、李四光、贝时璋等老一辈科学家,主导制定了新中国第一个中长期科学技术发展规划,奠定了我国科技事业发展的坚实基础。钱三强在苏联毁约、中国自主研制"两弹"的艰苦岁月里,就典型地承担了这一角色。他既不是具体的某一方面的攻克技术难关的一线科研人员,又不同于一般的行政领导和

> 管理者。作为原子弹工程的技术总负责人，他把中央的意图与科学家们的专长联系在一起，适时为中央决策推荐最恰当的科学家去担当重任。中国的情况是这样，外国的情况亦如此。比如，苏联"原子弹之父"库尔恰托夫、美国"原子弹之父"奥本海默等，他们对于大科学工程的贡献，绝不仅仅是对某个具体技术问题的攻关，在一定意义上，他们是大科学工程的"灵魂"。

即使优秀的战略科学家，也是从青年一步步成长起来的。青年强，则国家强。青年人才充满创新活力和发展潜力，是科技人才队伍中的生力军，代表了科技事业发展的希望和未来。有研究表明，自然科学家进行发明创造的最佳年龄段是25岁到45岁，2000年以来诺贝尔奖获得者取得标志性成果的平均年龄约为41岁。在我国"两弹一星"研制过程中，后来成为"两弹一星"元勋的23位科学家当时的平均年龄也不到40岁。近年来，中国科学院承担新一代北斗导航卫星研制任务的团队成员，平均年龄只有31岁。著名的"北斗女神"徐颖，32岁就在中国科学院担任了博导，并被评为"科普中国"形象大使。

因此，只有将培育国家战略人才力量的政策不断向青年科技人才倾斜，给予青年科技人才更多的信任、更好的帮助、更有力的支持，为他们成长和发展搭建舞台、拓展空间，我们的人才队伍才能不断拥有源头活水。但要做到这一点，并不容易，需要从很多方面入手，做到"润物无声"。例如，在部署科研项目时，提高青年科技人才担纲领衔的比例；在实施人才计划时，加大对青年科技人才的倾斜支持，同时打造多元人才评价指标体系，破除束缚人才发展的障碍，真正为人才"松绑"，让人才从一些烦琐无效、虚耗"内卷"的困扰中解脱出来。优秀的徐颖也得益于在读研究生阶段就能有幸加入北斗任务这一顶级团队，从事自己感兴趣的工作，加上自身天赋以及勤奋努力等优秀品质，方脱颖而出。

除了战略科学家这类基于"国之大者"层面并具备大格局、大视野的全才，具备 know-how（技术诀窍）的科技企业家也很重要。2023 年初，人工智能（AI）公司 OpenAI 成为焦点，它的 CEO（首席执行官）山姆·阿尔特曼（Sam Altman）说："十年前的传统观点认为，AI 首先会影响体力劳动，然后是认知劳动，再然后，也许有一天可以做创造性工作。现在看起来，它会以相反的顺序进行。"ChatGPT 的上线，颠覆了人类对 AI "侵占"人类世界的认知。这场始于硅谷的 AI 宏大叙事，由于参与门槛低，迅速闯入普通人的生活。自 ChatGPT 2022 年 11 月上线以来，OpenAI 的估值已经高达 290 亿美元。科技巨头如临大敌、AI 创业公司摩拳擦掌、普通人在与AI的聊天中，玩得不亦乐乎。

从这里我们可以看出，AI其实很早就已经出现，但是OpenAI能够让其进入大众视野，并推动新的东西被社会接受，这就是科技企业家的厉害之处。我们可以理解，把科技推广到社会各界，做出最大贡献的不是科学家，而是科技企业家。新技术原理突破是创新者（innovator）做的事，就如同当年锂电池出现，电动汽车装车续航才到达100公里，需要工程师、技术人员来做性能调优。但是被千家万户接受，这些都不是科学家能完成的。作为典型的科技企业家，马斯克不是技术人员，但他是早期采用者（early adopter），知道电动汽车怎样做才能让社会广泛接受。阿里巴巴后来的成功不是因为它的技术多么领先，而是因为马云天才般地用支付宝解决了诚信问题这一应用痛点。大多数人为什么不能成为"马云"？因为最早接触技术的人往往是技术人员，而大多数技术人员只会使用技术，不知道如何解决问题从而把有问题的技术变成普及的技术。由此我们可以看出，只有科学家还不够，只有科学家，会导致大量的科研成果困于高校，无法被社会采纳。

在"中国制造"向"中国智造"迈进的年代，高技能人才也在将科学技术转化为生产力方面，发挥着越来越重要的实战作用。中国航天科技集团有限公司第一研究院211厂航天特种熔融焊接工、首席技能专家高凤林，被称为焊接火箭"心脏"的"中国第一人",能够十分钟不眨眼。特别是为研制新一代"长征五号"大运载火箭焊接发动机,发动机的喷管上就有数百根几毫米的空心管线,高凤林需要通过3万多次精密焊接操作,将它们编制在一起,焊缝细到接近头发丝,而长度相当于一个足球场周长的两倍。中国商飞的钳工组组长胡双钱,创造了打磨零件100%合格的惊人纪录;中国中车的高级技师宁允展,在0.05毫米的研磨空间里实现高铁列车转向架"定位臂"研磨。今天,我们比以往任何时候都需要更多技术工人,尤其是高技能人才。无论是突破"卡脖子"技术,实现高水平科技自立自强,还是建设制造强国,推动经济发展质量变革、效率变革、动力变革,都需要大力弘扬工匠精神,发挥技术工人队伍的聪明才智。但是,人社部数据显示,全国技能人才总量超过2亿人,占就业人员总量的26%。其中,高技能人才6000万人,仅占就业人员总量的8%,而美国高技能人才占比30%左右,日本、德国等国家占比高达40%~50%。2022年10月,中共中央办公厅、国务院办公厅颁布《关于加强新时代高技能人才队伍建设的意见》,提出要打造一支爱党报国、敬业奉献、技艺精湛、素质优良、规模宏大、结构合理的高技能人才队伍。要实现这一目标,关键在于提高职业教育人才培养质量,加快健全现代职业教育体系。企业要把培养环节前移,同高校一起设计培养目标、制订培养方案、实施培养过程,实行校企"双导师制",实现产学研用深度融合,解决工程技术人才培养与生产实践脱节的突出问题。总之，通过以上多种途径，培养更多高素质的能工巧匠和大国工匠。

以全球视野和战略眼光，主动参与国际人才竞争，这是中国企业与国际接轨的必由之路。在这方面，华为的做法就值得学习。华为在全球范围内构建创新体系，将其固定网络、工程和质量研发中心设在德国，将美学、图像研发中心设在巴黎，将数学研究中心设在莫斯科，海外研究机构中外籍专家占比超90%，以此来充分利用全球人才和资源。2020年《福布斯》世界最佳雇主名单中，华为位列第14名。

加强中俄基础研究合作 推动俄人才来华创新创业

随着乌克兰危机不断升级，俄罗斯受到美欧全面制裁，目前已经波及教育领域，突出表现在：俄罗斯留学生遭到驱逐和歧视，留学成本大幅提高，相关科研合作项目被迫终止，甚至雅思考试不允许俄罗斯人参加、相关学术期刊不接受俄罗斯学者投稿。这些充分说明了"科学无国界"只是西方编造的一个美好童话。

俄罗斯的基础理论研究长期处于世界领先地位，例如数学学科。1991年以来，共有9位俄罗斯数学家获得数学最高奖项菲尔兹奖，数量仅次于美国和法国，而目前还没有中国籍的数学家获得过该奖项。2011年开始，俄罗斯的大学就垄断了世界大学生编程大赛的冠军。再如物理学科，苏联时期共有14位科学家获得诺贝尔奖，超过一半集中在物理领域。截至2021年，俄罗斯共有13位物理学家获得诺贝尔物理学奖，位居世界第五。俄罗斯在核聚变能、等离子体物理学、重力天文学、射电天文学等领域居世界领先地位。又如前沿领域，2020—2024年，俄罗斯将建立光子学、先进数字技术、地球液态烃开发、未来农业、超声速、人类潜能、综合生理医学等10个世界级科学中心。

相比之下，我国基础科学研究短板依然突出，数学等基础学科仍是最薄弱的环节，重大原创性成果缺乏。留学生是各国科技人才的蓄水池，也是高层次人才的后备力量。我国可抓住乌克兰危机、美欧移民政策收紧等有利因素，以吸引俄罗斯学生来华留学为突破口，全面加强中俄基础研究合作，产出一批原创性科学成果，推出一批国际顶尖水平的科学大师。

创新需要制度，最重要的是能够使创新者有长期稳定的预期。

在金融市场套利，几秒钟就可以完成，创新则需要数年，三年、五年都不够，甚至需要八年、十年、二十年。追求很长时间才能见效的东西，必须拥有一个由完整的政策体系、知识产权、法律准则构成的优质营商环境，确保形成识才、爱才、敬才、用才的氛围，让科技人才做长期主义者，最大限度地发挥自身长处，将"不该管、管不好、管不了"的事情交出去，真正达到"放水养鱼"的目的，这样才能"不拘一格降人才"，实现人才活水的竞相涌流、人才和平台的双向奔赴。

资本的力量

历史上，几乎每一个改变世界的梦想背后，都有资本的力量。14世纪，文艺复兴拉开了近代欧洲史的序幕，在达·芬奇、拉斐尔、米开朗琪罗这些如雷贯耳的艺术家背后，都有来自犹太银行家——美第奇家族的资本的影响。15世纪，西班牙和葡萄牙开启了地理大发现，与哥伦布一起去往美洲大陆的，除了他的船员，还有来自西班牙女王的巨额资本。17世纪，荷兰人建立了世界上第一个股票交易所，强大的资本市场奠定了荷兰"海上马车夫"的地位。18世纪的英国，当资本与技术第一次大规模地结合到一起，带来的震撼效果波及整个世界，从此改变了世界运行的规则。19世纪，银行家摩根向爱迪生的电力公司注资，开启了电气时代，第二次工业革命爆发。这就是资本的力量。

创新始于科学，成于资本，成为近几十年来全球科技创新的一个突出特征。

资本的不可或缺性

1879年，爱迪生发明了世界上第一个白炽电灯泡，创立

第二章　要素之争：人才、资本和数据

了爱迪生电力照明公司，资助他的股东包括金融巨头 J. P. 摩根。在老摩根的运作之下，该公司又与汤姆森-休斯敦公司合并成立了"通用电气公司"。摩根除了给爱迪生提供资金支持，考虑到电力公司要普及电灯，就需要铺设电网，因此立刻组建了铜业公司，进一步推广了电的广泛应用。如果没有资本的支持，仅靠发明家是难以快速实现科技成果规模化应用的。

资本和劳动力、土地、科技等一样，本质上是一种生产要素，对于经济增长不可或缺。任何一个经济体腾飞前，都要经历一段资本积累的过程。新中国刚成立时，就特别缺少资本来实现工业化。我国刚开始引入了苏联资本、后来又引入了美日资本，为工业化打下了很好的基础。改革开放之初，劳动力过剩、资本稀缺，因此，我们的财税、产业和金融政策都向资本倾斜，让资本在分配中获得更大的边际收益，"招商引资"推动我国经济快速腾飞，大踏步赶上了时代的发展。从国际经验看，荷兰的海上三角贸易、英国的圈地运动，本质都是资本积累。美国历次产业技术变革，特别是20世纪90年代以来的信息技术创新和互联网新兴产业的蓬勃发展，资本都发挥了关键作用。可以说，没有纳斯达克就没有硅谷的今天。

资本市场的发现与筛选机制，为企业的技术创新提供了可靠的动力保障。科技创新是一个"烧钱"的工程，往往需要大额资金，而且早期风险比较高，周期比较长。具备科技创新能力的企业，在最需要资金投入支持的前期，由于本身没有稳定的现金流和收入，没有地、没有房子，传统信贷模式无法支持企业发展。华尔街的风险投资家、投资银行家与硅谷致力于技术创新的企业家，都强烈渴望通过技术创新产生高回报，并在实践中逐步完善起一整套资本对技术、市场对企业的优化筛选机制。在这套机制作用下，分散的社会资金通过资本市场，源源不断地输送到具有发展潜力的中小创新型企业手中。风险投资家和投资银行家将那些在创新中脱颖而出的佼佼者，通过市场化运作方式带入资本市场，他们在通过资本市场获取高额投资回报的同时，也造就了世界级的高新技术公司。20世纪八九十年代，美国大力发展信息产业，为高科技企业提供融资挂牌的纳斯达克应运而生，一大批我们耳熟能详的企业，如苹果、微软、亚马逊、谷歌等科技龙头企业涌现。

解释"李约瑟之问"的金融视角

关于"李约瑟之问"，如果换个角度思考，也许能找到其他方面的注解。

1215年6月，英国金雀花王朝国王约翰王在大封建领主、教士、骑士和城市市民的联合压力下被迫签署了《大宪章》。

其中一个重要条款是"不经贵族会议同意,国王不能增加税收"。自此以后,国王或者朝廷想干什么事情,不能随便征税,国王行使权力被设置了一道无形的枷锁。这和中国大有不同。在中国古代,皇帝要修长城,不需要发国债,一个指令下去,直接征用人力、物力就行,虽相对简单粗暴,但切实可行。

通过长期的实践,也许是受 1609 年成立的阿姆斯特丹银行启发,英国王室变通了,觉得办大事、成大事只能通过金融市场解决资金问题。1694 年,英国王室特许苏格兰人威廉·彼得森等创办英格兰银行,英格兰银行也是世界上第二古老的央行。其建立的初衷既不是制定货币政策,也不是维持金融稳定,而是筹集足够的资金应对战争开销。

英格兰银行超越了它唯一的前辈阿姆斯特丹银行,是金融与权力的完美联姻,成为银行发展史上的里程碑。一方面,它拥有一个实力强大、永远不会倒闭的新客户——英国的王室和政府。"光荣革命"之后,英格兰在西方国家中率先实现了政治上的稳定,再没有发生过内战,可以集中精力应对外部挑战,争夺世界霸权。另一方面,这个客户有海量需求。17 世纪后,英国在世界不同地方与他国开战,与法国

> 的"九年战争""七年战争"打完,又与荷兰打、与西班牙打,在东方与印度莫卧儿王朝打;1775年,和争取独立的美国人打;18世纪末,又和法国的拿破仑打得不可开交。英国政府越战越要依靠金融支持。史学家们认为,英国最终战胜法国,成就世界霸权,现代金融的支撑是重要基石之一。
>
> 所以,从某种意义来看,《大宪章》直接推动了英国金融发展,为后来的"日不落帝国"打下了坚实基础。特别是随着蒸汽机的技术成熟,金融革命提供了大量廉价的资金,间接催生工业革命,推动先进技术转化成产业。这可以部分解释"李约瑟之问"。

说起人类最早的风险投资实践,就不得不提起意大利探险家哥伦布。在西班牙女王伊莎贝拉一世的资助下,哥伦布发现了"新大陆",这是人类历史上第一次风险投资的实践。

在那个时期,欧洲的海外贸易以及航海强权国家首推葡萄牙。当时,葡萄牙已经控制了南向去非洲,以及东向去亚洲的海上航线,对充满不确定性的西向航海投资兴趣不大。因此,哥伦布多次游说葡萄牙,均无功而返。既然说服不了葡萄牙,哥伦布就另辟蹊径,转而去游说葡萄牙的邻居——西班牙。1489年5月,哥伦布第一次面见西班牙女王伊莎贝拉一世，并向其兜售西向航海到印度的探险计划，女王的顾问团队认为计划不靠谱，哥伦布又一次被拒之门外。

以前有过多次被葡萄牙拒绝的经验，这位老哥当然不会因为伊莎贝拉一世的一次婉拒就放弃"募资"的努力，他锲而不舍地继续劝说西班牙王室。功夫不负有心人，1492年1月，西班牙女王伊莎贝拉一世终于同意资助哥伦布航行所需的资金、船只、船员、补给品等，授予后者一个"海军将军"的头衔，并答应将来自新殖民地征收的税收收入的10%奖励给哥伦布。

由此可见，尽管没有"普通合伙人"（GP）、"有限合伙人"（LP）等称呼，但哥伦布发现"新大陆"的探险航行，的确具备了现代风险投资基金的部分典型特征。哥伦布就是一个风投基金执行事务合伙人，获得了一定的基金管理费，可参与超额收益分配，这次航行堪称人类第一次风险投资实践和探索项目，而西班牙女王伊莎贝拉一世则可称得上是该探险项目的一个LP。当然，该风投项目的影响不仅超出了哥伦布和伊莎贝拉一世两个当事人，而且里程碑式地改写了人类科学文明进程、世界政治版图和国际经济格局。

让我们把目光从几百年前的欧洲转向当今的美国。说起美国的科技创新，就绕不开纳斯达克。1971年，这一年美国发生了很多大事，中美"乒乓外交"，基辛格秘密访华，阿波罗15号登月……更有影响美国此后几十年繁荣的三件大事：一是"硅谷"的诞生，二是风险投资的兴起，三是纳斯达克的建立。

我们今天所熟知的纳斯达克，是由美国全国证券交易商协会（NASD）创立，NASD由场外交易商于1938年组织成立，到20世纪70年代纳斯达克创立时，其会员数量已经接近5000个，其中包括高盛、摩根士丹利等华尔街巨擘，高盛前总裁格斯·利维便是纳斯达克的发起者之一。

从20世纪80年代起，美国逐步由工业经济社会向消费经济社会转型，技术和知识密集型服务产业逐渐替代传统服务业，通信、电子计算机等新兴产业高速发展带动美国经济结构调整，使美国经济始终维持高增长。作为资本市场重要力量的纳斯达克在培育新兴产业，助推美国转型中起到关键作用，因此被奉为"美国新经济的摇篮"。

1993年，发展以互联网为核心的信息产业已经上升为美国国家战略。克林顿就任美国总统后不久，便正式推出跨世纪的"国家信息基础设施"工程计划，使得美国在20世纪90年代中后期享受了历史上罕见的长时间繁荣，而这种繁荣直接催生了90年代纳斯达克的大牛市。虽然2000年泡沫破灭，纳斯达克的IPO（首次公开募股）数量大幅下降，年均IPO数从90年代的300多家降至80多家，但这一时期的纳斯达克仍是科技公司上市的首选，中国的搜狐、网易、新浪、百度、携程相继在纳斯达克上市。

在纳斯达克敲钟是世界上无数创业者的梦想。相比在上交所、深交所敲钟,在纳斯达克敲钟要容易得多。纳斯达克自从设立以来奉行宽进严出的理念,上市要求更加多样化,更加包容,更加市场导向,从一开始就定位于服务科技型、创新型、敢于挑战传统商业模式的企业。用他们自己的话说:"这是一个未来的创意找到今日的资本的地方。"纳斯达克的上市标准适应了众多的新兴产业,尤其是在赢利前需要长时间积累流量和用户的创新型互联网产业,以及需要很长的研发周期和投入的生物医药行业、半导体行业。软件、信息技术、生命科技、半导体行业的总市值占了纳斯达克总市值的半壁江山。

如果我们统计当前全球市值最高的十家企业,可以发现其中有五家都是美国的科技企业,包括脸书、苹果、亚马逊、微软、谷歌,它们通常被统称为FAAMG(这五家企业英文名称首字母缩写)。

而考察这些公司的发展历程,会发现它们全都是靠资本市场培育的,大致过程是:首先由创始人成立公司,随后PE(private equity,私募股权投资)、VC(venture capital,创业投资)等股权投资基金进入,之后再经过多轮融资,最后成功上市。以脸书为例,其由哈佛大学学生扎克伯格于2004年2月创立,帮助大家在网上认识学校的其他成员。最开始网站的注册仅限于哈佛大学的学生，随后扩展到波士顿地区的其他高校，之后全球大学生都可以注册，最后对所有互联网用户开放。随着脸书的发展，不断有股权投资基金进入。最早是2004年9月，PayPal（贝宝）创始人泰尔投资了50万美元，对应公司估值为500万美元。随后在2005年5月，阿克塞尔合伙公司投资了1270万美元，此时公司估值已经上升到1.27亿美元。到高盛等进行第十轮投资时，公司估值已经升至500亿美元。2012年，脸书在纳斯达克上市。从上市到现在，其市值又翻了10倍，达到5000亿美元，成为全球第五大市值的公司。

在市场优胜劣汰的激烈竞争之下，美国的科技企业投入巨额资金进行研发创新，以获得不断的成长。以亚马逊为例，其2017年的研发费用为226亿美元，超过1000亿元人民币，占其营收的12.7%。而FAAMG在2017年研发费用总和为638.8亿美元，其研发强度平均为13.4%。

从当前全球股票市值来看，按照世界交易所联合会的统计数据，截至2019年4月，美国股票总市值为34万亿美元，遥遥领先于我国的8.2万亿美元，以及日本的5.7万亿美元。再考虑到美国股市的龙头都是科技企业，而我国股市的龙头都是金融、地产和能源企业，这也从侧面证明了美国科技的巨大领先优势。

美国繁荣的资本市场就好比是一片蓝海，帮助美国孕育了无数的科技创新企业。正是依托于发达的资本市场，美国的科技一直处于全球领先位置。

我国已经形成多层次的资本市场

我国资本市场经过30余年的发展,已经形成了集主板、创业板、科创板和场外交易市场于一体的多层次体系。尤其是党的十八大以来,资本市场支持科技创新的效能得到进一步释放。

自2009年设立,创业板已走过14年发展历程。截至2022年8月,创业板上市公司数量达1175家,总市值突破12万亿元,累计IPO融资超7600亿元,再融资超9500亿元。投资方向主要集中在战略性新兴产业,包括新一代信息技术、生物医药、新材料、高端装备制造,这些行业公司占比近50%。2020年8月24日,创业板改革并试点注册制平稳落地,资本市场全面深化改革进入"深水区"。截至2022年8月,注册制下已有355家公司在创业板上市,占创业板公司总数的30%;总市值超2.6万亿元,占板块整体市值的21%。

2018年11月5日,国家主席习近平在上海举行的首届中国国际进口博览会开幕式上宣布,将在上海证券交易所设立科创板并试点注册制,支持上海国际金融中心和科技创新中心建设,不断完善资本市场基础制度。① 科创板精准定位于"面向世界科技

---

① 习近平在首届中国国际进口博览会开幕式上的主旨演讲,参见:http://www.cppcc.gov.cn/zxww/2018/11/06/ARTI1541464391814109.shtml。——编者注

前沿、面向经济主战场、面向国家重大需求",主要服务于符合国家战略、突破关键核心技术、市场认可度高的科技创新企业,重点支持新一代信息技术、高端装备、新材料、新能源、节能环保以及生物医药等高新技术产业和战略性新兴产业。随后,首次公开发行股票注册管理办法、上市公司持续监管办法,以及上市审核规则、发行与承销实施办法、股票上市规则、股票交易特别规定等一系列制度规则正式"落地",科创板制度框架确立。截至2022年底,科创板上市公司数量达到500家,总市值超过6.3万亿元。其中,新一代信息技术、生物医药和高端装备制造行业的企业占比近八成。

2021年9月,习近平主席在2021年中国国际服务贸易交易会全球服务贸易峰会上的致辞中宣布,将继续支持中小企业创新发展,深化新三板改革,设立北京证券交易所,打造服务创新型中小企业主阵地。[①] 与同样服务于创新企业的科创板和创业板相比,北交所平均每家融资2.5亿~3.5亿元人民币。与上交所、深交所的使命互补,北交所更加聚焦"更早、更小、更新",具体来说:"更早"是指在北交所上市的企业大都还处于高成长期,而在上交所、深交所上市的企业相对比较成熟;"更小"体现在这些企业通常是成长中的,且规模体量比较小;"更新"是指这

---

① 习近平在2021年中国国际服务贸易交易会全球服务贸易峰会上发表视频致辞,参见:http://www.gov.cn/xinwen/2021-09/02/content_5635039.htm。——编者注

些企业的发展方向可能更前沿。统计资料显示，首批81家上市公司中，专精特新企业占比过半。其中，有16家企业属于国家级专精特新企业，另有35家企业为省级及以上专精特新"小巨人"认定企业。北交所是综合了美国、德国模式，设计出的一条具有中国特色的中小企业发展道路，相当于德国式"隐形冠军"加美国式股权融资的中国呈现。

因此，我国资本市场30余年的发展已经多层次、多角度为科技创新提供了有力支持。过去，以间接融资为主的"房地产-基建-银行"的旧循环体系正被"科技-产业-资本市场"这一新循环所替代。

我国"硬核科创"背后的资本力量

当前，新一轮科技革命和产业变革正在重构创新版图、重塑经济结构。以互联网等行业热潮为代表的中国科技1.0阶段，已经逐步过渡到2.0自主创新阶段。在此背景下，一批"硬核科创"企业呼之欲出、乘势而行、蓬勃发展，成为科技创新发展的中坚力量。

什么样的科技创新才能称为"硬核"呢？从原创性来说，需要突破现有的技术瓶颈，例如在元器件、生产工艺技术、设备、源代码、材料等方面,不断探索并拓展这些核心要素的技术边界。从应用性来看,要有产业落地场景,真正做到"面向世界科技前沿、面向经济主战场、面向国家重大需求、面向人民生命健康"。

这背后,离不开资本的力量。2021年,共有165家企业成功在科创板进行IPO,较2020年增长13.79%,合计融资2115.99亿元。其中,中芯国际、国盾量子、寒武纪等一系列明星企业登上舞台,也让"硬核科创"这个词逐渐成为流行语。

进入2.0阶段,赚"快钱"将渐行渐远,资本市场更需要"农民型投资者",而不是猎手型投资者,秉持长期主义,播下种子和企业家一起慢慢耕耘。有的人把投资"硬核科创"比喻为"长坡厚雪"。截至2022年1月31日,存续私募股权、创业投资基金管理人有15023家,存续规模为13.12万亿元。私募股权和创业投资基金作为直接融资的重要工具、创新资本形成的主要载体,发现、培育、支持"硬核科创"企业的功能越来越凸显。

虽然我国多层次的资本市场已经形成,但资本市场服务科技创新创业的能力不足，市场体系不够健全，包容度和覆盖面不够，与我国 1500 余万家中小微企业、30 余万家科技型中小企业的总体规模不匹配。

以间接融资为主的金融体系难以产生有"耐心"的长期资本。来自银行的资金本质上是银行的负债，无法转化为股权资本。短期资本在目的上与科技创新周期长、不确定性强等特点相背离。因此，间接融资体系的短期资本在支持科技创新上有其局限性。资本市场吸纳长期资金和股权风险投资的能力有限，企业创新形成的产权证券化程度不高。尽管近年来在民营中小企业相对丰富的珠三角以及长三角等地，当地政府积极推进知识产权证券化，民间金融体系也积极探索多元化的产权证券化方式，但是由于缺乏评估机构、评估标准等诸多原因，3000 万元的动产产权换不来 300 万元融资是普遍现象。

基金"抱团"会滋生短期机会主义。无论是在西方国家还是在我国，基金"抱团"是一直普遍存在的市场行为。2008 年以后，主流经济学家对金融危机进行系统性反思达成的主要共识之一，就是市场参与者一致预期的购买或抛售行为不仅会推高股价，还会因为集体出逃砸盘造成股价崩盘，导致资源配置效率降低，形成金融风险。因此，一旦货币政策收紧或业绩不达预期，股市就更容易出现大幅波动。2007 年我国基金"抱团"银行股，导致银行股市净率和市盈率远超正常水平，这也是造成我国 2008 年股灾的主要原因之一。2020 年基金"抱团"重仓以贵州茅台和五粮液为首的消费题材股票，不仅增加了科创型企业的融资成本，而且加剧了市场的负外部性和脆弱性。出于对流动性收缩的担忧，2021 年春节后股市发生调整，上证综合指数和创业板指数分别下跌 6.5% 和 17.3%，贵州茅台股价下跌 22.1%，重仓白酒的易方达蓝筹精选基金创下历史最大回撤纪录。股价大面积持续下跌，不仅会引起股权质押风险或融资盘爆仓风险，如若处理不当，将波及证券公司或银行，进而传递到实体经济部门。

但是，资本趋利避害的特质，决定了科创型上市公司短期内难以成为资本市场的"核心资产"。资金是企业的"血液"，周期长、风险高的研发活动更需要巨额资金投入。在两极分化和基金"抱团"的市场环境下，只有头部企业才能获得资金集中支持，特别容易形成马太效应，股价越涨越能吸引更多的资金进入，反过来又进一步推高股价。尤其是在宏观经济风险增大的周期阶段，市场更愿意增持高成长、高盈利的头部企业股票，将其视为"核心资产"。这就是为什么我国 A 股的头部企业以白酒企业和银行保险机构为主。以 2022 年 10 月 18 日为例，A 股前十大市值公司除了中石油和中国移动，还包括一家白酒企业和六家金融机构，仅宁德时代一家科创型企业。而同期，美股前十大市值公司包括苹果、微软、谷歌、亚马逊、联合健康集团、埃克森美孚、强生等数家科技型企业,以科技型企业为主,而且这些企业的市值遥遥领先。

资金的流向表明,在我国 A 股市场,科创型企业还不是选择的"核心资产",与美国头部科技企业的差距较大。这一现象的产生既有市场长期主义和价值投资理念缺失、投资者短视跟风炒作等原因,也有科创型上市公司盈利能力较低和成长性不足的原因,近两年中国"漂亮 50"[①]无论是盈利能力还是成长能力几乎均高于科创型企业,自然令逐利资本趋之若鹜。

其中一个不容忽视的原因在于,我国资本市场门槛在世界所有交易所中最高,不仅有资产、盈利、股本等财务要求,还有公司结构、主业突出等运营要求。截至 2021 年 3 月 31 日,我国内地上市公司最小市值仍在 1 亿元以上,然而港股和美股上市公司最低市值仅有几百万元和几十万元。过于严苛的上市条件造成了融资门槛过高,要求能上市的公司必须具备一定的资金实力,抑制了资本市场"雪中送炭"的作用。然而很多科创型企业处于初期阶段又极其需要资金,虽然科创板的设立免去了盈利的要求,且向六大高新技术产业和战略性新兴产业倾斜,但仍然不能照顾

---

① "漂亮 50"(Nifty Fifty)是美国股票投资史上特定阶段出现的一个非正式术语,用来指 20 世纪六七十年代在纽约证券交易所交易的 50 只备受追捧的大盘股。近年来,评选"漂亮 50"榜单也成为中国国内一些媒体与机构努力推进的热门活动。——编者注

到所有具有研发投入需求的科技公司。

我国股市还有个奇怪的现象,那就是"只进不出",直接结果就是股票市场低效率运行。从发达国家的经验看,每年上市、退市的公司大体持平,上市公司数量总体平衡。这个平衡可以保障支撑具有国家主权特征或系统重要性股票价格所需的资金不至于大量分流,也是股票市场新陈代谢、保持活力的过程。美国公司退市大致有三种原因:一是企业老化,营业收入无法满足投资者的胃口,股价低于2美元则自动依规退市;二是重新私有化;三是财务造假、产品造假,以及企业行为危害公共安全、触犯刑法。三者比例大致为6∶3∶1。可见,除对造假公司实施强制退市制度以外,更重要的是建立自然而然地批量退市制度。由于我国退市制度不完善,过去10年,美股市场退市公司达到了2000余家,而中国A股只有78家公司退市,每年上市公司数量远远高于退市公司数量,市场规模不断扩大,造成股市投资重点分散、易跌难涨,增量稍有减弱或新股发行量稍有增加便会"跌跌不休"。同时,退市率过低导致A股市场绩差股、垃圾股大量充斥其中,乃至产生炒壳现象,资本市场难以形成"有进有出、优胜劣汰"的良好生态机制。

空间:如何让资本市场发挥更大作用?

为了解决资本市场融资渠道单一、融资难、融资贵等问题,各地也开动脑筋，想方设法为企业融资提供便利。比如各地方政府都在加快优质创新资本中心建设。近年来，多地出现了一个奇怪现象，那就是争做"城市投行"，完善市场化激励约束机制，引导各类创新要素集聚。2021年，政府引导设立基金数量和规模较2020年实现大幅增长，增幅分别达到77%和207%。其中最著名的就是合肥市政府出巨资建立的政府基金平台，先后投资京东方，押注半导体，接盘科大讯飞，引入蔚来、大众，投资维信诺等，这些都成为教科书般的投资案例，直接推动合肥的GDP排名从20年前的全国近80位，提升到了如今的第20位，财政收入增长数十倍。对于没有政策优势、缺乏产业资源的合肥来说，正是把支持科技创新摆在了突出位置，发挥了风险投资的杠杆作用，有效引导各类创新要素集聚，打响了"最厉害风投机构"的名号。

资本市场支持科技创新有时候显得"力不从心"，很重要的一个原因在于创新要素没有资本化，还没有符合资本的逻辑。要让资本市场在科技创新中发挥更大作用，就要坚定不移地推进创新要素资本化。例如，我国的银行业仍然坚守着以抵押和担保为主体的当铺式风险控制方式，长期不支持知识产权、技术专利做质押贷款。要改变这个情况，就要加快建立全国性的知识和技术产权评估市场，发展动产抵押贷款，尝试动产支持债券，让技术产权市场和金融市场紧密结合起来，推进现代要素产权的证券化和资本化，全力打造数据与资本高效对接的综合服务平台。

创新要素资本化不足，带来的直接后果就是我国资本市场直接融资比重过低，这也是我国资本市场一大长期痛点。截至2021年末，我国直接融资存量98.8万亿元人民币，占社会融资存量的比例约为31.5%，间接融资214.9万亿元人民币，占社会融资比例约为68.5%，其中贷款存量192.69万亿元人民币，间接融资主要是贷款，贷款占社会融资的60%以上，企业银行贷款仍然是主要融资方式。反观资本市场发展比较成熟的美国，其直接融资存量达118万亿美元，占社会融资比例的80%，间接融资比例已降到20%。因此，要拓宽直接融资入口，支持更多优质企业在资本市场融资发展，还要保持较快审核节奏，提高资本市场效率，推进债券市场创新发展，丰富直接融资工具。

资本市场也需要分工合作，形成合力。也就是说，不同渠道的资金要发挥不同的作用。政府资金要以基础研究为主、应用研究为辅，企业资金要以实验发展及应用研究为主、基础研究为辅，重大技术或项目的攻关需要以政府资金为基础，来撬动企业及其他社会资本共同参与，形成企业资金、政府资金与其他社会资金共同参与、各有侧重的投入体系。

DARPA：把科幻变为现实的研发部

美国国防部高级研究计划局（DARPA），一个美国超前技术发现和推动机构。在这个可以将科幻小说变为现实的独特部门内，创新是其根本，但在这里工作的人却不是顶级工程师和科学家，而更像是"基金分析师"或者"初创公司的首批员工"。这些人的使命就是去发现技术并"押注"，在对项目进行严格的评估之后，DARPA会直接给予资金资助，而后静待研究成果完成。

当然，这种"投资"是有风险的。根据DARPA的历史经验可得，假如"投资"100个项目，能有10个最终成功那就是可喜可贺的了！大多数情况下，这些投资都是"肉包子打狗"！

对于DARPA里的人来说，花钱无所谓，能够最终拿到革命性的技术才是关键。所以在资金的流转方面，低于150万美元的"投资"基本不需要任何的审批，雇员随时可以取用，这被内部人员称为"苗木计划"。别小看这个仅有200多人的小机构，他们每年可支配的资金占美国国防预算的0.5%左右，成为推动美国科技创新的重要资金来源。

此外，外资的作用也不能忽视。我国是全球唯一能够高度稳定同时又较快增长的经济体，外资对我国的兴趣非常浓厚，国际投资者对 A 股、科创板持仓规模持续增长。同时，我国企业在境外融资上市也依然活跃。因此，还是要"两条腿走路"。一方面支持企业自主选择上市地，特别是允许企业在境外交易所上市，通过国际市场募集资金支持我国科技转型，通过用好境内、境外两个市场，支持我国科技创新。另一方面，要不断提升我国资本市场吸引力，致力于建设国际一流资本市场，引入国际企业或其分拆的中国资产来 A 股上市。

如何治理资本无序扩张？

很多历史事实都可以说明，资本用得好，可以让一个国家、一个企业高速增长。但是资本一旦不受约束，也会恣意妄为。以我国为例，从 2010 年开始，资本在我国互联网平台公司开始了一轮大规模扩张。从团购大战开始，网约车大战、外卖大战、共享单车大战、线上教育大战、社区团购大战接连上演。虽然内容不同，但是有三个特点高度一致：一是资本标的一致，无论是全能平台，还是细分领域平台，都是互联网平台公司；二是发展逻辑一致，最早都是坐山观虎斗，然后选边站队，进而烧钱大战，最后击垮对手，形成寡头或者垄断；三是结果一样，虽然资本一开始让消费者感受到了互联网带来的便利，可以实现打车比公交车便宜、一元看电影，但是到最后都是不约而同地坐地起价、大数据杀熟、利用垄断地位侵害消费者利益。

因此，资本就好像是水，缺了不行，但水量过大又不加控制也不行，否则就会变成洪水，淹没农田、毁掉城市。因此，我们要清醒地认识到：创新离不开资本，但是资本并不自然地带来创新，只有运行在合理的轨道上，才能带来我们需要的创新。2021年，中央全面深化改革委员会第二十一次会议强调要加强反垄断、反不正当竞争监管力度，引导督促企业服从党的领导，服从和服务于经济社会发展大局。这就是告诉资本，要走出"小圈子"，走向"大舞台"，走向促进科技创新、繁荣市场经济、便利人民生活、参与国际竞争的"星辰大海"。

正确认识资本，划清资本的底线和边界。中央全面深化改革委员会第二十一次会议强调，要统筹发展和安全、效率和公平、活力和秩序、国内和国际，坚持监管规范和促进发展两手并重、两手都要硬，明确规则，划出底线。这就告诉我们：一方面，资本既不是洪水猛兽，也不是完美无缺，既要发挥作用，避免一棍子打死，也要加强规范引导，避免无序扩张；另一方面，资本要讲"武德"，不该发挥作用的地方、不该进入的领域，碰都不能碰。前几年美国大选，推特、脸书等社交网络平台，在大选前后采取一致行动，封杀特朗普，严密把控大选舆论走向，在阻止特朗普连任美国总统过程中发挥了重大作用，这就是资本介入政治权力的典型例子。因此，我们要清醒地认识资本的两面性，坚持监管规范和促进发展两手并重。

为资本找寻新的出路。中央全面深化改革委员会第二十一次会议强调,引导督促企业服从党的领导,服从和服务于经济社会发展大局,鼓励支持企业在促进科技进步、繁荣市场经济、便利人民生活、参与国际竞争中发挥积极作用。这一点非常重要,就是告诉资本,不要只盯着人民生活中的几捆白菜、几斤水果,而要放眼科技创新、国际竞争的大局。对我国而言,问题并不是资本太多了,而是资本没有"雨露均沾",行业之间"苦乐不均"。资本就盯着互联网平台的那点事情,习惯赚快钱,在投入大、回报慢的"硬科技"领域,如半导体、储能等尖端科技领域,资本却大量缺乏。

把资本关进制度的笼子。加快健全市场准入制度、公平竞争审查机制、数字经济公平竞争监管制度、预防和制止滥用行政权力排除限制竞争制度是四项核心制度。资本和权力一样,都要关进笼子里。通过这四项制度,足以将资本关进制度的笼子,让资本不再任性。

加强监管。一方面要加快建立全方位、多层次、立体化监管体系,实现事前事中事后全链条全领域监管,堵塞监管漏洞,提高监管效能。另一方面要加强监督执法力度,加强平台经济、科技创新、信息安全、民生保障等重点领域执法司法。

要想真正地让资本跳出小圈子,或许还需要真金白银的政策支持。比如税收方面，建立更加明确的有差别的灵活调整的分类征税机制，对进入硬核科技领域进行真金白银的税收优惠；而对于那些仍然守旧的资本，可以适当加大税率，让资本利得反哺社会。又如，实实在在地为企业进入硬核科技领域减轻一些成本，目前推行的"揭榜挂帅""赛马"等机制就是很好的尝试，通过中央预算内投资引导和撬动作用，让企业轻装上阵。再如，要完善资本制度，严格监管注册资本，严格限制资本扩张倍数，严格股权质押，限制同一资产频繁评估增值。

数据红海

人类每一次经济形态的重大变革，往往催生并依赖新的生产要素；每一次经济社会的大步发展，都有一种核心的生产要素发挥着牵引作用。正如劳动力和土地是农业经济时代主要的生产要素，资本和技术是工业经济时代重要的生产要素。进入数字经济时代，数据正逐渐成为驱动经济社会发展、催生创新的新生产要素。当前，数字经济正逐步成为全球经济增长的重要驱动力，发展潜力巨大，将成为推动未来科技创新、引导劳动力流动迭代、实现产业跃迁升级的重要力量。

细数"数"历史

从人类文明之火初燃的那一刻起，"数"就与人类相伴，"结绳记事"体现了原始先民对"数"的认识和利用。随着时间推移，技术进步和普及应用越来越快。特别是进入工业社会后，"数"对产业发展的推动作用日益凸显，工业发展不仅大幅提升了人类的生产能力，而且数学的计算能力也获得了显著提升。尤其是在 1946 年 2 月，诞生于美国宾夕法尼亚大学的世界上第一台现代电子计算机——埃尼阿克,仅用0和1这两个数字便撬动一个新的时代。这两个数字通过底层识别代码被赋予了不同的计算规则和程序,不仅改变了人类劳作的方式,而且改变了产业变迁的逻辑,还衍生出越来越多的产业。如今,围绕"数"的产业已经枝繁叶茂,甚至占据了服务业的半壁江山。过去"数"对于产业而言,最大的功能便是记录,如今,"数"自身不仅成为产业,同时还与其他产业发生交互作用,产生了"由仆变主"的身份转变。

计算机的发明,曾经被认为是人类文明史的一个分水岭,标志着人类的进步从以能量为核心,转变为以信息为核心。从能量和信息的角度看,自20世纪70年代开始,能量的消耗在发达国家要么增长缓慢,要么停滞,要么干脆在减少,而产生的信息量和传输信息的能力却在翻番增长。今天,全球数据增长速度大约是每三年翻一番。因此,我们这个时代被称为数据时代,是十分准确的。

数据具有颠覆力,并不是从其成为生产要素的那一刻开始的。我们的祖先早在2000年前就对数据的重要性有了很深刻的认识。汉武帝时已开始推行编户制度,定期收集居民数据,以判断官员的业绩,决定百姓的赋税和徭役。三国时期,给中央呈送地方数据的官员叫"上计掾",这一职务关系到中央对地方官员的政绩评价。这是数据对农业时代国家治理的重要意义。

在西方，1859年达尔文出版了人类历史上最具震撼力的科学巨著《物种起源》，提出了完整的进化论思想，在全世界引起了轰动。达尔文的理论说明，这个世界是演变和进化而来的，不是神创造的。这一理论对基督教产生的冲击，远大于哥白尼的日心说。当时的教会，无论是罗马教廷还是新教派都在狂怒，对达尔文群起而攻之。为什么教会会恐慌呢？从数据的视角来看，或许就很好解释。这是因为哥白尼的理论更像是单纯的假说，在当时的条件下难以得到数据的支撑和论证，大家对他的理论是将信将疑，甚至漠不关心的。而达尔文的进化论则不同，有大量的数据支持，结论又符合逻辑，因此达尔文的理论从一开始就被很多人接受。这是数据对于近代科学研究、冲破迷信的重要意义。

当今世界正经历百年未有之大变局，新一代信息技术创新应用同步引领新一轮科技革命和产业变革。数据技术也处于系统创新、深度融合与智能引领的重大变革期。通过把数据转化为数据资产，再将数据资产加工为数据产品和服务为相关产业赋能，充分发挥数据高速流动的介质作用，实现跨部门、跨区域、跨层级的数据流通、应用和治理，将显著提升不同产业效率和增长潜力，带来新一轮的质量变革、效率变革、动力变革。种类广泛、数量庞大、产生和更新速度加快的数据被称为"新的石油"，蕴含着巨大的颠覆性价值。数字经济正呈现智能化、量子化、跨界融合、深度渗透、变革速度指数化等特征，未来发展前景广阔。

《第四产业：数据业的未来图景》这本书中，提出数据业是未来的第四产业，认为数据对生产力发展所带来的影响，可能超过其他几个生产要素，并可能给传统经济增长理论带来脱胎换骨的改造。这本书还提出，数据业既可以赋权公民，也可以赋权社会，还可以跨越传统的国家地理边界，构建一个互联互通的数据网络空间，政治博弈、经济角力、安全渗透将成为不容忽视的新的战争形式，进而重塑全球政治经济格局，对社会结构和国际关系产生深远影响。

数据：新型生产要素新在哪儿？

《第四产业：数据业的未来图景》一书，对数据要素进行了深入剖析，总结了数据要素不同于其他生产要素的显著特征。

非竞争性。非竞争性是指，一个使用者对某种物品的消费并不减少它对其他使用者的供应。从土地到劳动力，再到资本，生产要素呈现出竞争性逐步减弱的趋势，而通用性和共享性逐渐增强。数据一旦生成，可以以极低的成本进行复制、加工，边际成本趋于零，数据也因此具有非竞争性。由于非竞争性的存在，任何数量的企业、个人或机器都可以使用同一组数据，而又不会减少其他人利用加工这些数据，这就决定了数据的高利用效率与巨大的潜在价值。

规模报酬递增。数据规模越大、维度越多，其包含的信息密度越高，价值也越高。因而，不同主体对数据进行利用、交流和共享非但不会降低数据价值，反而推动数据要素所能创造的价值、获得的收益呈几何级数增长。如果数据被经济体在方方面面充分利用，那么数据规模扩大带来的经济价值就将更为可观。

正外部性。部分的、孤立的数据蕴含的价值很低，相同数据在不同数据分析技术或应用场景下的价值可能存在极大差异。数据应用于特定场景时，带来的价值和收益可能巨大。通过不断开拓新的使用维度或场景，数据价值将被层层放大，具有很强的正外部性。比如，互联网搜索引擎利用用户搜索数据分析，显著改进了引擎的搜索质量。再如，电商平台初始时记录的交易信息被应用到物流、金融服务等领域，可以为其创造额外的利润。又如，IBM等科技企业，能在几天内完成"分析数据-发现漏洞-解决问题"的全处理过程，从而有效地优化产品维修和养护服务，提高客户满意度。

数据支撑起"灯塔工厂"

自2018年开始，世界经济论坛在全球发起评选"灯塔工厂"项目，寻找制造业数字化转型的典范。因此，"灯塔工厂"也被称为"世界上最先进的工厂"，在一定程度上代表着全球制造业领域智能制造和数字化的最高水平。截至2022年10月，中国"灯塔工厂"增至42家，占比超过1/3，折射出"中国智造"的实力。

梳理这42家"灯塔工厂"可以发现，数字化转型已不是选择题，而是一种必然的发展趋势。在阿里巴巴犀牛智造工厂内，数字化内容无处不在，生产前排位、生产排期、吊挂路线，都由AI来做；衣服上的花纹和文字，是消费大数据得出的结论；工厂"智慧大脑"实施控制裁剪和装配，推出智能导航"棋盘式吊挂"等新技术。天津海尔洗衣机互联工厂，实时掌握着供应商的生产状态、物料的运输状态等，对供应商的响应速度形成评价体系，提升对供应商的管理，保证工厂的生产节奏。在三一重工桩机工厂，AGV（自动导向搬运车）来去自如，机械手挥舞有序。通过数字化改造，桩机工厂在同样的厂房面积产值翻了一番。

基于以上特征可以看出，数据创造价值的逻辑和其他生产要素是不相同的。人类社会从工业化向数字化过渡，虚拟空间和现实世界相互对应，虚拟空间的存在加快了信息、数据的共享与传播，虚拟与实体的有机结合进一步扩大了市场边界。在当前的技术条件下，数据在大多数时候存在于信息与通信技术（ICT）产品中，数据虚拟性的存在就意味着数据必须以其他生产要素为载体才能发挥作用。数据生产力创造价值的基本逻辑，是以算法、算力推进隐性知识的显性化，通过数据的流动、复制、集成、加工、创造等程序，把信息转变为知识，把知识转变为决策，从而产生价值。一言以蔽之，数据要素的价值不在于数据本身，而在于数据要素与其他要素融合甚至是取代传统生产要素创造的价值，成为促进经济发展的关键。

数据创造价值的模式也不同于其他生产要素，具体有三种。一是倍增效应。当年原始人发现了削尖的石器能够帮助人类更好地采集和捕猎，石器和人发生了叠加，产生了生产力的跃进，让人类更好地与大自然斗争。数据要素正是我们这个时代里"削尖的石头"，提高单一要素的生产效率，可以为劳动、资本、科技、知识、制度等要素充分赋能，实现单一要素的价值倍增。二是资源优化。数据要素不仅带来了劳动、资本、土地、技术等单一要素的叠加效应，更重要的是提高了这些传统要素之间的资源配置效率。数据不能直接生产馒头，不能直接生产汽车，也不能直接生产房子，但是可以低成本、低延时，高效率、高质量，多方式、多花样地生产馒头、汽车、房子，还可以高效率地提供公共服务。数据要素推动传统生产要素的高效配置和耦合，成为驱动经济持续增长的关键因素。这是数据要素真正的价值所在。三是激发创新。数据不仅可以优化存量资源的配置效率，而且可以激活要素提高产品、商业模式的创新能力，以及个体和组织的创新活力。数据要素可以用更少的物质资源创造更多的物质财富，对传统的生产要素产生替代效应，用更少的投入创造更高的价值。

纵观上千年的科学发展史，人类在科学活动中不断改进工具和方法，加速了科学发现的历史进程。到20世纪中叶，计算机已成为生产要素中与传统科学仪器地位相当的通用性、基础性工具类型。

当前，现代科学研究中许多待攻克的科学问题，其规模和复杂性不断扩大。过去依靠单枪匹马、依靠"杰出的大脑"的科技创新模式已经难以为继，必须借助新的生产要素。数据就是科技创新最新的工具。数据极大地拓展了科技创新的研究深度和广度，以大数据、人工智能技术为代表的先进数据与计算技术，将理论、实验、模拟等统一起来，形成了一种新型的科学研究手段与方式，从发明创新到技术创新，再到产品创新、组织创新、市场创新、商业模式创新，数据要素可以优化创新过程，缩短创新过程的总体时间，提升创新效率，减少节点堵点，深刻变革了传统科研模式。

由数据驱动的生物学和医学革命

蛋白质是人体中一种复杂的有机化合物，对调节生理功能、维持新陈代谢、遗传繁殖等生命活动有着极其重要的作用。氨基酸是组成蛋白质的基本单位，蛋白质的氨基酸种类、数目、排列顺序和肽链空间结构的不同会导致蛋白质功能存在差异。这也意味着，预测蛋白质结构对生物研究而言至关重要。但蛋白质可以折叠形成无数形态，以人类目前的计算资源几乎不可能完成结构序列计算。生物学家会采用冷冻电镜等高精度仪器确定蛋白质结构，但高级仪器和重复人工实验耗费的成本和时间精力都极大。

2020年11月30日，一条重磅消息引发了科技界所有人的关注：谷歌旗下人工智能技术公司DeepMind提出的深度学习算法AlphaFold破解了出现50年之久的蛋白质分子折叠问题。《自然》杂志发表文章称，AlphaFold已经预测出35万种蛋白质结构，涵盖了98.5%的人类蛋白质组以及20种生物的蛋白质，并开源了它的数据库。

AlphaFold技术是大数据、人工智能、生物学三门学科相融合的产物，反映了一种未来的技术趋势——通过生物研

> 究、临床实践获得数据，数据被用来训练人工智能模型，通过模型预测结果和实际进行对比检验，不断优化模型使其对蛋白质等小分子结构的预测能力不断提升，最终将这种预测能力用于科研生产的方方面面。AlphaFold 的不俗表现预示着 AI 已在生命科学领域显现出不凡实力，也反映出生物科学从 15 世纪的实证科学时代进入了现在的 AI 时代。

与此同时，人类社会从宏观到微观、从自然到社会的观察、计算、传播等活动，正在加速产生海量且多样的数据，数据呈现爆炸性增长。我国的空间天文研究、高能物理研究、生命科学研究、遥感探测、深海观测、深空探测等，每天都会产生海量的科学大数据。例如，目前世界上最大单口径射电望远镜——位于贵州省黔南布依族苗族自治州境内的 500 米口径球面射电望远镜（FAST）正式运行后，未来 10 年数据存储需求接近 1 亿 GB（十亿字节）。通过对这些数据的处理分析，将可能搜寻到更多的奇异天体，进而深入研究宇宙起源和演化等重大科学前沿问题。又如，我国目前运行并陆续发射一系列对地观测卫星，每天新增数据数十 TB（太字节）。系统分析这些源源不断的科学数据，可驱动对新的科学规律的认识和新的科学现象的发现。

因此，数据依靠其自身的逻辑方法，正在改变科技创新的研究范式，发挥着科学发现的新引擎作用并驱动引领科研活动。从欧洲核子研究中心发现"上帝粒子"希格斯玻色子，到沃尔沃汽车实现高级自动辅助驾驶，每一次科技进步的飞跃，背后都是对数据价值的深挖，都离不开对数据的分析、存储和运用。从一定意义上说，如果离开数据与计算，当今的科学研究活动则几乎无法开展，科学发现也几乎难以实现。可以说，谁掌握了数据核心技术，谁就掌握了信息"制霸权"，就驾驭了科学研究的新型驱动力。

此外，数据还可以助力科技创新政策制定。例如，对于政府而言，传统的数据处理能力只能对政策制定提供简单辅助作用。而在数据时代，我们可以非常方便地了解各行各业科技创新的焦点，企业界、专业研究机构、高校等在人、财、物的投入，科技创新的现实水平，与世界前沿的研究差距和商业化程度差异等。通过数据分析，政府可以有的放矢地针对相应的科技创新领域制定适合的扶持政策，将政府资源合理分配到适合的科技创新领域，提升政府资源的单位投入产出比。

北京冬奥会上的数据"黑科技"

都说"雪道的尽头是骨科"。崇礼雪场是北京冬奥会的赛场之一，崇礼医院需要第一时间解决赛场的各种突发情况，为奥运选手提供全方位的医疗救治，免除奥运选手的后顾之忧。北京高科技企业浪潮信息数据中心采用模块化数据中心为崇礼医院构筑了坚实的信息保障平台，通过智能AI管控软件做到快速应答，硬件基础也加以配合，做到智能监控、全面分析、快速响应、系统稳定，为冬奥会医疗提速全面护航。

地图数据助力冬奥智慧交通。交通保障是冬奥保障项目的一大重点，百度地图充分发挥在互联网综合交通信息服务及科技赋能、智能指挥调度方面的优势，为张家口市交通运输局提供数据与技术支撑。在交通运行监测调度中心（TOCC）建设方面，为张家口市提供了百度专网地图、交通路况态势监测与研判分析Web服务API（应用程序接口）等基础数据和技术服务，全面实现了集路况感知、业务监测和指挥调度为一体的全域交通运输"一张图"管理，为冬奥会交通保障奠定基础。

数据还可以改变支持科技创新的金融生态。之前提到过，我国银行业一直坚守着以抵押和担保为主体的当铺式风险控制方式，很重要的一个原因就在于没有很好地运用数据支持现代金融。说到银行的数据缺乏，可能很多人特别是银行的管理者并不服气。我国大部分银行在 2000 年前后都开始进行数据库建设，有海量的数据。但是客观地说，我们银行业的"数据库"，充其量也就是数据仓库，要真正为风险控制和业务发展提供数据支持目前仍然非常困难，或者只能提供最基础和表面的数据支持，真正的风险控制数据仍然难以做到。这就好像一个巨大的仓库，里面东西应有尽有，但是缺乏非常现代的物流管理系统进行有效的调度，从而导致对仓库内容的应用仍然停留在人工分拣阶段，不但难以提高效率，更根本无法支撑风险控制的要求。在这种状况下，风险控制只能回归当铺手段和方式，所以一位企业家说："抵押的当铺思想，是不可能支持未来 30 年世界发展对金融的需求的。我们必须借助今天的技术能力，用以大数据为基础的信用体系来取代当铺思想。这个信用体系不是建立在 IT 基础上，不是建立在熟人社会的基础上，必须是建立在大数据的基础上，才能真正让信用等于财富。"

此外，数据还可以为满足人民群众日益增长的美好生活需要创造巨大的数据红利，成为创造美好生活的强大引擎。具体来看，通过打造集成多种功能的数据通用算法模型和控件服务，数据可以应用于文化教育、辅助诊断、体育健身、文化旅游、养老育幼等更广泛的生活场景中，满足更多个性化、多层次的服务需求，促进公共服务更加精准高效、公平可及，同时推动社会治理更加智能高效。数据还可以对社会治理体系架构、运行机制、工作流程进行再造，塑造万物互联、人机交互、天地一体的治理空间，拓展各类数据在社会治理中的应用场景，高效满足信息共享、部门联合、综合研判、服务保障、跟踪监督、应急处置等治理需求，实现全过程、全要素、全场景动态治理，为"中国之治"引入新范式、创造新工具、构建新模式。数据还将培育"人人贡献数据、人人享受数据"的社会治理生态，畅通拓展民众参与社会治理、政府感知社情民意的渠道，让每一个人都成为社会治理的参与者、贡献者和维护者，形成人人有责、人人尽责、人人享有的社会治理新格局。

在这种大背景下，数据资源成为世界各国争夺的新战略资源，算力则成为衡量一个国家综合国力和国际竞争力的重要标志。数据与算力在科技领域的整体能力和应用，将集中体现一个国家的科技综合实力。世界各国正加快建设以数据与算力为主要特征的信息化基础设施，这必将深刻影响世界科技格局。

本土先发优势

在如何对待数据资源上，我国超前布局，下了先手棋。2019年，党的十九届四中全会首次将数据增列为新的生产要素，并明确提出，健全劳动、资本、土地、知识、技术、管理、数据等生产要素由市场评价贡献、按贡献决定报酬的机制。习近平总书记指出，"在互联网经济时代，数据是新的生产要素，是基础性资源和战略性资源，也是重要生产力。因此要构建以数据为关键要素的数字经济"。①大道至简，铿锵、有力、简洁的表述丰富和发展了马克思生产要素理论，为我国数据红利大规模释放完善了顶层设计，理论自信和制度优势充分展现。

政策红利还在持续释放。2020年4月，中共中央、国务院发布《关于构建更加完善的要素市场化配置体制机制的意见》（以下简称《意见》），明确指出要加快培育数据要素市场，推进政府数据开放共享、提升社会数据资源价值、加强数据资源整合和安全保护等。《意见》将数据与土地、劳动力、资本、技术等传统要素并列，将数据要素价值上升到了国家战略层面，将有效推动数据流动利用和定价由政府主导逐步转变为市场主导、政府监管，数据在未来必将成为重要的战略资源。

重大突破在党的二十大后，从2022年12月召开的中央经济工作会议到2023年全国两会，发展数字经济和建设数字中国的顶层规划不断明晰，政策落地也在持续加速。2022年12月，中共中央、国务院还正式发布了《关于构建数据基础制度更好发挥数据要素作用的意见》，又称"数据二十条"。在这个我国首份专门针对数据要素的基础性文件中，提出了构建数据产权、流通交易、收益分配、安全治理等制度，初步形成我国数据基础制度的

---

① 《习近平带政治局集体学习 领导干部要学懂用好大数据》，参见：http://news.cctv.com/2017/12/10/ARTI3HNR1LMiMiNZKmr1NMD1171210.shtml。——编者注

"四梁八柱"。

2023年全国两会召开前夕，中共中央、国务院还发布了《数字中国建设整体布局规划》。对于数字中国建设，这份规划布局了明确的"2522"整体框架，即夯实数字基础设施和数据资源体系"两大基础"，推进数字技术与经济、政治、文化、社会、生态文明建设"五位一体"深度融合，强化数字技术创新体系和数字安全屏障"两大能力"，优化数字化发展国内国际"两个环境"。

从数据资源量上来看，2017年到2021年，我国数据产量从2.3ZB（泽字节，十万亿亿字节）增长至6.6ZB，全球占比9.9%，位居世界第二。伴随数字经济发展，数据市场潜力巨大，"十三五"期间我国数据要素市场规模年均复合增速超30%。同时，信息产业基础良好，在以数据为关键要素的数字经济全球竞争中，具有技术和应用上的双重优势。随着信息基础设施建设提速以及数字政府、智慧城市、智慧农业、智慧物流等一系列数字化转型工作的推进，数据资源将进一步快速增长。

数据技术催生新能源汽车革命

数据技术正在全方位深度改变新能源汽车的发展逻辑，为电动化、智能化、网联化、共享化提供了基础的数据条件，并进一步深化了汽车产业的数字化。数据技术在新能源汽车中具有广泛的应用,主要体现在四方面。

风险预警方面。构建一套基于大数据的新能源汽车风险预警体系,通过异常数据点的微小变化,定位电池故障,可实现早期预警。政府可以实施更加有效的车辆安全监管,进行车辆运行安全预警,为产业政策的制定提供相应依据。

碳减排核算方面。传统的车辆应用碳减排核算采用静态数据,如果采用车辆运行数据,可以精准计算每辆车每运行一公里的能耗,并将其反过来与发电量对应。当核算某个企业的碳配额时,可以对其生产和销售的每一辆车单独进行碳排放量计算,然后累加得到车企生产、销售车辆的全部碳减排量。从我国碳配额分配角度来说,可根据不同车企实际生产车辆碳排放情况来制定其碳配额。企业为获得良好的碳配额支持产销,就要尽量生产低排放的车辆,鼓励车主低碳驾驶。

车辆综合性能评价方面。传统的车辆性能评价都是以实验室、实验厂测试结果来进行的。有了数据以后,可以根据车辆使用过程中的能耗数据来进行车辆性能评价。通过数据技术,可以建立一套包括内耗稳定性、里程稳定性、里程衰退等在内,具有不同维度数据支撑的新能源汽车性能评价方式，以此反映不同企业生产车辆的性能水平，反映全社会用车整体技术水平的变化状态。

动力电池溯源管理方面。基于国家新能源汽车数据平台，可以建设一个动力电池溯源的国家平台。通过这个平台，可以对电池全寿命周期实时管理。特别是当车辆"退役"后，可以利用其整个使用周期的数据，对目前电池的性能状态进行评估，为"退役"电池的利用提供数据依据。虽然电池在车辆"退役"时容量降低为额定容量的80%，但不意味着电池在储能等一些领域不能应用。如果对替换下来的电池进行线下检测，工作量非常大，利用线上大数据进行分析，再配合线下抽样检测，对大数据的检验结果进行相应的复核和验证，就可以实现对电池的全样本、高速度、高精度、低成本和多维度的检验和测试。

截至2022年底，我国网民规模已达10.67亿，互联网应用规模和深度领先全球，高校数据专业数量快速增长，相关专利总量迅速增加，数据资源产生速度和规模在全球保持明显优势。特别是疫情期间，线上办公市场快速发展，线上办公用户规模达5.4亿，农村地区在线教育和互联网医疗用户较上年分别增长2.7

个百分点和 4.1 个百分点。数据领域投融资日益活跃，涌现出一大批"独角兽"企业和世界级知名企业。

再回到国家数据局的话题。2023 年 3 月，《党和国家机构改革方案》明确提出："组建国家数据局。负责协调推进数据基础制度建设，统筹数据资源整合共享和开发利用，统筹推进数字中国、数字经济、数字社会规划和建设等。"通过组建国家级最高数据管理机构，数据制度、数据资源、数字规划将归为一个部门，数字经济、数字社会、数字中国建设规划也会归为一个部门，这意味着各地数据管理建设发展部门自此"中央有人"了，纵向数据治理体系和治理能力建设会加速，跨部门跨行业互联互通体系建设实现了统管统建，"数据大流通时代"将加速到来，也为科技创新带来强大的技术支撑和发展动力。

因此，庞大的用户基数、全体系工业的覆盖、信息产业的飞速发展、基础设施建设的巨大优势、新型举国体制的强大动员力度等都可推动我国弯道超车，能够足够自信地与全球主要经济体坐在数据业谈判桌上平等交流。我国打造超大规模数据要素市场的条件已经具备，数据要素正在成为驱动我国社会创新发展与深化改革的新引擎。

可预期的乘数效应

人类社会对土地有几千年的治理经验，对能源有几百年的治理经验，对数据治理却无经验可循。从目前的理论和实践来看，算力、数据、安全是需要关注的几个方面。

算力是乘数效应充分发挥的前提条件。算力指的是对数据的处理能力，算力之于数据，就好像纺织机之于羊毛、钻井机之于石油。算力广泛存在于各种智能设备中，看不见、摸不着，但如果没有算力，这些设备就是一堆没有灵魂的空壳。算力越强，对生产力的影响越深刻。比如，电影《阿凡达》的后期渲染使用超级计算机只需一年时间就可完成，如果使用普通电脑则需要一万年。这和运用大机器生产后，纺织厂的生产效率提高简直有异曲同工之妙。要推动数据充分赋能科技创新，首先要确保拥有处理巨量数据的能力。随着数据被列入生产要素，算力对生产力的推动作用日益凸显。据测算，一国的算力指数每提高1个百分点，数字经济和GDP将分别增长3.3‰和1.8‰。人类文明即将进入的是一个异构计算、协同计算、高性能计算、泛在计算并存的多样性计算新时代。从这个意义上来说，算力已经成为我们这个社会中势不可当的新生产工具了，并且还在持续迭代升级。因此，我们要统筹推进全国一体化国家大数据中心体系布局，推动国家算力资源优化配置，形成全面覆盖、泛在互联的智能感知网络，提升公共基础设施的智能化水平，让计算的场所不再局限于一个个"端"，不再集中到一朵朵"云"，而是云边端全场景协同，实现"万物皆数、万事可算"。

为什么要"东数西算"

2021年5月,国家发改委等部门联合印发《全国一体化大数据中心协同创新体系算力枢纽实施方案》,对全国算力网络国家枢纽节点进行了整体布局,启动了"东数西算"工程。所谓"数"就是指数据,"算"就是指算力。通俗地讲,"东数西算"就是把东部的数据传输到西部进行计算和处理。"南水北调""西气东输""西电东送",着眼的分别是水、气、电,这一次"东数西算"着眼的则是数据和算力。

众所周知,我国东部地区经济发达、人口众多、数字经济蓬勃发展,产生的海量数据对算力需求愈发迫切。然而,东部地区土地、人工成本较高,能源及电力需求紧张,有的媒体将数据中心称为"电老虎""不冒烟的钢厂",在东部地区发展数据中心面临瓶颈和制约。与东部不同,西部地区地广人稀、空间广阔、气候适宜,风、光、水、煤等自然资源丰富,无论是电力成本还是土地、人力成本都远低于东部。

数据中心产业链条长、覆盖门类广、带动效应大,不仅会扩大算力设施规模,提高算力使用效率,实现全国算力规模化、集约化发展,而且给计算机、通信、光电器件、基础

> 软件等行业带来发展机遇，同时还将促进相关产业有效转移，推动东西部数据流通、价值传递，延展东部发展空间，推动西部大开发形成新格局。

算力足够强大，相当于拥有了高级的"生产机器"，接下来就是要找到足够多的"原料"，也就是要完善数据资源体系，健全数据生产要素按贡献参与分配机制，让数据资源源源不断供给。而要做到这些，很重要的一点就是要加快推进数据要素市场建设，鼓励依法合规开展数据交易，充分发挥数据要素价值，积极推进科学研究领域数据资源价值化进程，让更多沉睡的数据苏醒过来，让更多数据重新找到自我价值。例如，2021年两会期间，不少人大代表和政协委员都建议探索建立数据银行。数据银行就是指不同主体将数据按照所设置的规则划定不同价值，存入"银行"，开放共享，可换取获得等价数据的使用权限。在数据银行网络之上，可进一步建立中央数据中心或者说"数据央行"，负责基础性、关键性数据的归拢、存储、授权等。不同科技创新的主体可以从"银行"提取脱敏后的分级分类数据进行分析应用，推动数据成建制、多维度地资源化、资产化、价值化，打造出一个与货币金融体系等量齐观的新经济生态圈，充分发挥数据作为科技创新生产要素的潜在价值。还有一点也很重要，那就是要让公共数据真正姓"公"，建立公共数据开放共享机制，推进公共数据归集整合、有序流通和共享。例如，国家地球系统科学数据中心主要为地球系统科学的基础研究和学科前沿创新提供科学数据支撑和数据服务。截至2020年12月底，国家地球系统科学数据中心已开放共享数据集3.6万余个，数据资源量超过2.14PB（拍字节，1PB=1024TB），为9935个重大科研项目和课题提供了数据服务。

接下来就是新基建了。20年前中国经济的"新基建"是铁路、公路、桥梁，未来20年支撑中国经济社会繁荣发展的"新基建"则是5G、人工智能、数据中心、工业互联网等科技创新领域的基础设施。如果说数据是新型生产要素，数字经济代表基于数据要素的先进生产力，那么新基建则是将先进生产力广泛嵌入实体经济中。从供给侧看，新基建是厚植现代化产业体系根基，特别是抢占全球科技创新和产业竞争制高点，撬动新兴产业的重要支点。从需求侧看，新基建能为车联网、智慧城市、数字经济、新能源汽车等新经济、新业态提供发展基础，大幅提高我国教育、文化、医疗卫生等领域的质量，更好地满足人民对美好生活的新期待。就科技创新而言，新基建不仅为成千上万家企业提供源源不断的计算动力，也将在动力研究、宇宙观测、装备制造等大科学装置的发展中，发挥明显助力作用。新基建还包括支撑科学研究、技术开发、产品研制的具有公益属性的创新基础设施，通过赋能科技创新，让中小企业和大型企业都能享受到新基建的红利。

最后就是要守住安全底线，健全数据要素管理制度，加强数据资源整合和安全保护。2013年6月，"斯诺登事件"中曝光的"棱镜"计划将美国肆无忌惮地窃取他国数据的行径呈现在世人面前，引发了各国政府对本国数据安全问题的广泛关注。在数据时代，一旦公民政治立场、医疗健康、生物识别等隐私数据被敌对国家或他国政府捕获，都会产生巨大的安全风险。发挥数据对科技创新的乘数效应，统筹发展和安全是一种必然要求，也是底线要求，要做到明确数据权利类型，确定数据权利主体，厘清数据的控制边界和使用范围，实现更加安全、高效、有序的数据确权和价值流转；制定数据隐私保护制度和安全审查制度；推动完善适用于大数据环境下的数据分类分级安全保护制度，加强对政务数据、企业商业秘密和个人数据的保护。

本章小结

新古典经济学有一个著名的索洛模型,也是把经济增长看成一个要素投入的过程。索洛发现,经济增长中扣除劳动力、资本等资源数量的影响,还有相当大的一部分贡献无法解释,这被称为"索洛剩余",更学术的说法叫"全要素生产率",通常由科技创新、资源配置效率提升带来。受这一理论启发,如果我们把科技创新看成一个结果,过程就是人才、资本、数据等要素资源持续不断投入,那么创新的函数就是 A=F(L、K、D…)(A:技术进步;L:劳动力;K:资本;D:数据)。

从要素的视角看科技创新,要发挥好两个方面的效应:一是规模效应,简单说就是源源不断地投入人才、资本、数据,从量上取胜,"笨鸟先飞",别人投入1个单位的资源要素,我们投入2个单位,总能实现科技创新目标;二是配置效应,也就是寻求科技创新中的"索洛剩余",即通过创新体制机制,优化资源配置效率,提高要素利用率,从而实现更高效率的科技创新。

对我国来说,过去的"两弹一星"主要依靠要素的规模效应实现科技创新,但是要素数量的投入是有限的,而且受到边际效用递减规律的限制。未来科技创新的星辰大海,要更多依靠配置效应,也就是提高要素投入效率,更多依靠尖端人才的培养、多层次资本市场的培育、数据要素的大规模运用、科技创新体制机制的创新等。只有支持科技创新的各类要素相互配合、相得益彰,创新的生态才会绿色健康、郁郁葱葱,创新的源泉才会充分涌流、竞相迸发。

第三章
机制探索
主体与动力

科技创新，归根结底要靠不同的个人、主体来推动。

时至今日，科技创新需要多方面、多要素的系统性支撑，靠一个人或一个微小的组织就可以全流程完成科技创新的时代已经渐行渐远。其中，高等院校、科研机构、企业和科技创新服务机构发挥了重要作用。高等院校和科研机构主要承担基础性研究和前沿性探索，企业在应用性研究、满足市场化需求等领域发力，科技创新服务机构则是为它们服务的组织。各主体通过相互合作，共同碰撞出创新的火花，实现知识、技术上的突破和效率上的提升。与此同时，政府在科技创新中也发挥着重要的引导和支持作用。研究科技创新的支撑主体，追溯它们的前世今生和源流根脉，了解它们的使命、面临的问题，洞察它们工作的动机和推动创新的机制，有利于我们更有针对性地推动科技创新走向更好的未来。

"创新即天职"——高校与科研院所

按照传统观点,科技创新主要是科学家的贡献,而科学家主要集中在高等院校、科研院所中,所以高等院校与科研机构往往是产生创新的知识源头。回溯大学的发展历史,会发现大学跟科技创新没有直接联系,但确是创新精神的起源。

大学的创新基因

中世纪的欧洲,教皇对人民群众的影响力比国王要大。这对于中国人来说可能不太好理解。按照中国人的思维,很难想象在汉朝,宗教信仰对群众的影响能比汉武帝还要大。但在中世纪的欧洲,这是理所当然的事情。西方也有君权神授的思想,国王的权力来自上天的神,教会代表上帝的意志,自然凌驾于国王之上,国王作为世俗世界的统治者必须听从教皇的指令。教皇和国王之间,也就是政教之间长期争夺权力和影响力。教会统治国民的信仰,更关键的是文化和教育行业也被教会垄断,国王虽然掌握了军队,但是斗不过控制信仰和思想的教皇。

关于西方文化的起点,人们往往都认为是在古希腊,然而古希腊随着西罗马帝国被入侵，曾经辉煌的文化一下子就断了。好在阿拉伯人把许多古希腊时代的文化典籍翻译成了阿拉伯语，这当中包括了亚里士多德、欧几里得、托勒密等大名鼎鼎的先贤之作。随着阿拉伯与西欧之间的贸易往来，以及十字军东征等历史事件影响，西欧人发现了阿拉伯文化的精彩，深入了解后发现，这其实就是古希腊时代的文化。于是，西欧将原本被翻译成阿拉伯语的古希腊典籍又翻译成拉丁语。

意大利博洛尼亚地区一群研究法学的师生一直在从事这样的翻译工作，同时也对亚里士多德等的著作进行研究和讲学，并产生了一定影响力，但感觉搞学术常常受到地方封建领主和教会的干扰，希望能从国王那里得到一定的特权。1158年，神圣罗马帝国皇帝"红胡子"腓特烈一世巡视意大利时发现（也有人认为是他听说了这群师生的诉求，才来到博洛尼亚），这正好能为己所用，通过在思想领域进行渗透以对抗教权，于是果断给博洛尼亚大学法学院颁发了特许状，承认法学院人员拥有类似于神职人员才有的自由和豁免权，有免于因学术观点和政见不同而被报复的权利，有要求学校和教会而不是地方法庭进行裁决的权利等。

这就是大学的起源——学术界为了求知而推动形成的组织。而"大学"（拉丁语：universitas）词源的原始意义就是"集合"，具有"行会"的性质。发展到现在，大学还是跟当年那样，把一群追求知识、智慧的人凝聚起来，所以大学一开始就强调追求创新、探索未知。

大学的起源还体现出反叛的精神，正是在那些学者为了更好地从事学术研究，不断争取权利的过程中形成了大学。而创新也具备同样的逻辑，也需要反叛的精神，需要不满足于当下，发现不足，力图改变，才会推动创新的发生。所以基于这个层面的理解，大学从一开始就具备创新的基因。

到了现代，作为科技第一生产力和人才资源的重要结合点，集聚顶尖科研人才的高校一直是科技创新的发源地。研究发现，世界上创新活力强的地区，往往是大学集中的地区，例如美国以斯坦福大学、加州大学系统为核心的硅谷和以麻省理工学院、哈佛大学为核心的波士顿高科技产业集聚区，英国以剑桥大学为核心的剑桥科技园，等等。从我国的情况来看，2012—2022 年，高校获得了一半以上的国家科技三大奖；从质量上讲，高校获得了 10 年来 60% 的国家自然科学一等奖和 90% 的国家技术发明一等奖，是我国基础研究的主力军和重大科技突破的策源地。

出现这种情况并不奇怪，因为现代大学集聚了资金和人才，拥有良好的科研氛围和产学研机制，具备了推动科技创新的必备条件，世界各国都非常重视对高校科研的投入。2020 年，美国国会一项新法案提议未来 5 年向美国国家科学基金会额外拨付 1000 亿美元，其中最大一部分资金用于资助若干大学技术中心在 10 个关键领域的基础研究。此外，美国私人基金会对基础研究的资助每年达到23亿美元，其中约84%用于高校生命科学和医学的研究。

从我国来看，自2012年到2021年，高校研发拨入经费从768.7亿元增长到1592亿元，10年累计拨入经费总额上万亿元；企事业单位委托经费由2012年的391.8亿元增至2021年的847.5亿元，增长超过116%。高校牵头建设了60%以上的学科类国家重点实验室、30%的国家工程（技术）研究中心，全国超过40%的两院院士、近70%的国家杰出青年科学基金获得者都集聚在高校。这10年，高校共派出近40万人参与国际科技合作研究，出席国际学术会议人员达174万人，发表特邀报告18.7万篇、交流论文88.3万篇；专利授权量从2012年的6.9万项增加到2021年的30.8万项，增幅达到346.4%，授权率从65.1%提高到83.9%；专利转化金额从8.2亿元增长到88.9亿元，增幅接近10倍。无论从研发成果的质量和数量还是从研发投入等因素看，高校都是名副其实的科研主力军。

科研院所的使命与期待

相比高校，科研院所更加聚焦科研，在特定学科具备扎实的研究基础，拥有专业科研队伍，里面有很多我们想象中的科研"大牛""怪才"。通常来看，大学是智慧之地、创新之地，也是成才之地，承担的一个重要任务是教书育人。科研院所同样也在培育科研人才，但主要以技术研究和服务为目标，科研是其最主要的目的，并且更贴近市场需求、更注重成果转化。

国外的科研组织诞生较早，早在2000多年前，世界上第一个科学院——亚历山大科学院出现在古埃及亚历山大。世界上首家正式的科学机构，则是创立于1660年的英国皇家学会。国外的科研组织经过长期发展，已经非常健全完善，有自己一套独特有效的运作体系。比如法国巴斯德研究所，因那位大名鼎鼎的科学家巴斯德而成立，从1887年成立以来就致力于疫病预防与公共卫生领域的研究。尽管因为其非公立性质，财政支持不够，但通过广泛而高效的募资、良好的人才引进和培养机制，该研究所在医学、微生物学与健康领域始终走在世界前沿。巴斯德国际网络（IPIN）在全球20多个国家（和地区）设置有分支机构，依托这些驻地机构的临近优势，与当地科研机构、高校在生物技术研发、公共卫生安全、医学教育等诸多领域开展多维合作。同时，在人才交换、研究成果共享方面，巴斯德国际网络也与驻地高校建立紧密联系。巴斯德国际网络不仅是单纯意义上的研究机构，更是举世闻名的医学与微生物学教学基地。巴斯德国际网络并不会束缚研究员的编制，采用了更为多元化的聘用机制，40%的终身研究员来自其他科研机构。

我们再把目光转向科技实力雄厚的德国。德国的科技创新有充足的"技术源泉"，根源在于高校、科研机构、企业通过市场机制实现互联互通，新技术可以源源不断地高效转化。德国拥有1000多个公立或财政资助的大学和科研机构，全国重点高校及优势学科的布局按照各州产业结构均衡发展，避免经济发达地区"一家独大"。德国有不少大型科研组织，比如弗劳恩霍夫协会（FHG）、亥姆霍兹联合会（HGF）、马普学会（MPG）、莱布尼茨学会（WGL）等，这些组织既能开展科研，同时特别注重技术转移和成果转化，与产业界长期保持深度合作。

中国科学院的故事

1949年，伴随着新中国的诞生，中国科学院成立。作为中国自然科学最高学术机构、科学技术最高咨询机构，中国科学院人才辈出、硕果累累，在国人心中是当之无愧的"科学殿堂"。中国科学技术大学（中科大）和中国科学院大学（国科大）是中国科学院的直属学校。

中科大于1958年在北京成立，1970年因为国内外形势的变化，从北京搬迁到安徽合肥。当时其实不只中科大搬出北京，共有13所重点高校迁出北京。后来大多数高校都返京了，中科大由于种种原因"回京无门"，加上安徽省和合肥市的倾力挽留，中科大留在了合肥。

> 从 20 世纪 50 年代开始，中科大就招收和培养过研究生，但一直没有固定的正式机构来统筹此事。中科大招研究生最早，又有经验和基础，国务院就让其创办了国内第一个研究生院，当时就在北京成立了中国科学技术大学研究生院。后来因为中科大远在合肥不方便管理该研究生院，而且在合肥的中科大自己也建立了研究生院，北京的这个研究生院改由中国科学院直接管理。2000 年 12 月，该研究生院更名为中国科学院研究生院，2012 年 6 月更名为中国科学院大学，并于 2014 年开始招收本科生，形成了覆盖本、硕、博三个层次的高等教育体系，但依然以研究生教育为办学主体。

对于高校和科研院所，人们最期待它们发挥的作用就是科技创新。科技创新需要基础研究，所谓基础研究主要是"把问题的底层原理搞清楚"。基础研究是知识的"源头活水"，是创新的原点，其目的是给技术创新提供知识基础，从而引领创新、推动发展。基础研究成果的转化路径一般为"理论和知识—技术开发和应用—市场验证和反馈—技术改进和基础研究"。

这原本就是一项复杂、长周期、高难度的系统工程，研究者面对的是未知的世界，很难说得准什么时候能出成果、在哪方面能有突破。基础研究短期内见不到成效、一时无法给经济社会带来直接效益是非常正常的事，需要耐得住寂寞、"板凳坐得十年冷"。

按照以前的理念，基础研究创新是在一无所有的知识荒漠构建起知识城邦。但在当下，现代"科学大厦"的"底座"已经具备，各个学科都拥有自身的知识体系和知识基础，基础研究往往是在一个细分领域进行突破。科技创新政策、研究经费投入、交叉学科支持、人才队伍建设、科研环境建设、科技成果考核评价以及产学研用协同等因素都对基础研究起着重要作用。

随着全球科技竞争加剧，我国虽然逐步加大对基础科学研究的关注和投入，但依然面临一些问题。第一，人才短缺，具体而言就是大科学家少、专业辅助人员不足、基础学科后备人才资源不足、优秀人才流失等。第二，对基础研究支持力度不够。长期以来，中国的科研主要是为经济建设服务，具体体现在关注工业发展和社会民生方面的科技创新，政策导向偏向于应用研究和科技成果产业化。第三，经费投入不足。"十三五"时期，我国基础研究经费投入占研发经费投入比重从5.05%提高到6.16%，远低于主要发达国家15%~25%的普遍水平。以全球研发投入规模最大的7个国家——美国、中国、英国、德国、法国、日本、韩国为对象进行研究，可以发现我国近年来研发投入增长速度最快，但是基础研究经费占比最低。第四，考核和激励模式有缺陷。尽管现在很多相关政策已经出台,但是从实际情况来看,唯论文、以 SCI(科学引文索引)"论英雄"的问题还没能有效改变,对研究成果的质量及其对科技创新和科学发展的作用重视程度不足。

我国的基础研究还有很大的提升空间,但改变现有基础科学研究模式非一日之功,仅靠喊口号、打鸡血是不行的,关键要激发人的活力。比如,要建立符合科学规律和人性规律的考核方法和评价体系。具体而言,根据不同的领域和创新成果进行分类考核,避免"一刀切";要将同行评议、跟踪考核和第三方企业等市场机构评价结合起来;对于前沿探索型创新成果,要以同行评议为主,主要评价研究的原创性学术贡献;对于经费的考核使用,既要高效监督,也要鼓励创新,建立容错机制;要探索长周期评价机制,不能太过注重短期经济利益,要从是否有利于长远战略目标实现、是否有利于国家基础创新能力提升等维度进行考核。

此外,提升基础研究能力,还应该注重科技教育,毕竟教育管根本、管长远,能启迪智慧、激发兴趣、传播知识、培育栋梁。可以说,所有成功的科技人才,在成长伊始都通过不同的形式,或多或少接受过科技创新教育。

目前,我国所采用的科技创新活动形式主要包括课题研究、实物制作、论文撰写、科技竞赛等,尽管种类繁多,但仍存在不少短板。首先导向上就存在偏差,大多数学生参与科技创新活动都带有"精致的利己主义"倾向,考虑因素主要是获得物质奖励或实际利益，比如保研加分，对科技创新意识的涵养往往放在次要位置。因此，当前大学科创活动看似形式丰富，实际上是自说自话，并没有形成完整的生态，对于提高学生创新能力的作用较为有限。

其次，机制不够完善，管理机构缺少明细有效的规章制度，科研比赛活动"暗箱操作"，"青椒"（高校青年教师）们经费支持不足、软硬件配套不到位等问题都不同程度地存在，而部分教授参与学术、商业、社会活动较多，难得静下心来手把手给学生们"传道授业解惑"，很多博士开展创新活动完全就是根据导师的安排进行的，个人独立开展的自主性研究较少，得到的资源支持也不足。

国外大学的科技创新教育更侧重引入市场力量，引导学生自下而上进行探索。以德国为例，德国高校将科技创新与课程教育紧密结合在一起，由德国大学生服务中心这一全国性协会通过与企业合作运作科技创新活动项目。在德国大学里，老师对于学生更多是启发式的指导，项目完成主要是靠学生团队独立研究，项目成果的优劣由企业相关负责人评定，对市场化和科研成果可转化性的要求更高，也更强调对实操能力和创新思维的培养。

当然，中国的科技教育不能照搬国外模式，还需要立足国情实际来开展。其中，引进市场化评审指导方式显得尤为重要。不仅要在科创比赛中引进企业家和企业科研人员进行评审指导，更重要的是在日常教育中请企业的科研机构、前沿科学研究者指导带动大学生开展更多前沿性研究和科创比赛等，有意识地孵化科技成果，以成果为导向激发科技教育的活力和师生的积极性，帮助有潜力的学生、团队实现科研成果转化。

"教育要从娃娃抓起"，这永远是至理名言。发挥少年宫、科技馆的作用，在中小学科技教育设施建设、教学改革等方面下更大功夫，激发少年儿童对科学的兴趣和热爱，这些对于播下科学的种子、打造未来的科创生力军意义深远。近年来，"天宫课堂"、航天科学家给小朋友授课等形式就是很好的尝试。

科技创新从娃娃抓起

孩子，是人类未来的希望。从娃娃开始培养他们对科学的兴趣，未来就会有累累硕果。埃隆·马斯克曾说："我个人花了很多时间在太空服上。实际上，我花了三年、几乎四年的时间来设计这些既好看又实用的太空服。"马斯克希望人们穿上太空服时，看起来比平时更好看，就像穿一件燕尾服能让人看起来显得更英气勃勃。他希望设计的太空服能够激励孩子们成为宇航员，穿上太空服会"让他们振作起来"。一件酷炫的太空服能给无数个小朋友种下向往科学的种子。

包罗万物的博物馆，也是激发儿童科学研究兴趣的好去处。法国的博物馆教育非常有特色，全法拥有1240家各类主题的博物馆。2009年3月，时任法国总统萨科齐提出，欧盟26岁以下的青年都可以免费参观法国的所有公立博物馆及其特展。位于巴黎的"科学与工业城"是法国最受欢迎的科学博物馆，也是欧洲最大的科普中心，除了永久性和临时性科学技术展览、天文馆，里面还有会作画的艺术机器人、各种科学技术模拟和演示设施，并组织面向大众的科普讲座，邀请科学家与公众交流。英国、德国、瑞士等欧洲科技强国都高度重视科技博物馆的建设。[①]

研究之路——人才培养与应用

从基础研究到应用研发并实现产品生产，关键是要产学研合作，产学研合作大体上有两种模式。一种是校内合作模式。以大学内部校办企业为依托，把教学、科研、生产三者相结合，但是大学毕竟跟市场接触较少，市场化竞争力较差。另一种是校内外

---

① 部分材料引用自：刘敏.科学哲学的传统与面向未来的改革——法国科学教育的实践[N].光明日报，2022-6-9.

联合模式。主要是学校和校外企业、科研院所等科研组织合作,这是目前应用最广的合作模式。高校将自身科技成果有偿转让给企业,帮助企业实现产品化、市场化,或者大学和企业共同投资、共同经营、共担风险、共享收益。这种方式对于管理水平和合作匹配度要求较高,如果管理机制或合作协议不完善,容易产生纠纷。

产学研合作模式在全球主要发达国家广泛存在。比如,日本将产学研合作作为恢复战后经济的重要举措,在长期的实践中逐渐形成了具有自身特色的产学研合作体系,其中一大特色是设立促进科研成果转化的高效中介服务机构。日本高校除了设立产学研合作办公室等中介服务机构,还有"产学协作委员会""产学协作中心""研究开发专门委员会""科技信息中心"等其他中介服务机构。这些中介服务机构在技术评估、产权交易、法律咨询等方面发挥着巨大作用,促进了高校与企业之间的信息沟通与资源共享,还能帮助化解各方利益冲突,解决利益纠纷。

产学研关键是帮助实现科技创新成果转化。那么从实践上来看,科技成果转化率到底如何呢?据调查,美国总体科技成果转化率高达80%。美国高校非常重视科技成果转化,许多高校设立了技术转移办公室,有科学、专业、规范的流程来推动科技成果转化,同时有合理的利益分配机制来激励科研人员加强科技成果转化。如麻省理工学院的科技成果转让收入约28%归技术发明人[①],剑桥科技园非常注重在科技成果研发者、院系、大学之间优化利益分配结构。而中国虽然科技成果很多,但是转化率不高,最高仅有约30%,是发达国家平均水平的一半左右。[②] 业内人士普遍反映,我国科技成果从专利到最终成为适合市场需求的实际产品,中间存在着巨大的鸿沟,"多数企业家很难接住科学家手中的技术"。关于科技成果转化的问题,我们将在第四章进行专门论述,此处不再赘述。

现实:如何打通科研堵点

我国的大学和科研院所汇聚了一流人才,也是创新的沃土,但有一些"底层堵点"不解决将对创新造成极大影响,事实上这种负面影响已经发生。

比如,大学里"学阀"现象依然存在。学术界在顶尖层面往往就是几个老教授带着各自的学生组成不同的团队进行科研攻关,深挖顶尖学术会议的参与者,常常可以看到就是几大师门的师生来参加。这种一位教授带着一堆研究生、专职科研人员和博士后等进行研究的科研模式,虽然在传帮带方面存在优势,但在一定程度上不利于跨团队、跨学科的整体研究。有的"学阀"还会打压、排挤、拉踩同行,着力培植自身势力,影响学术生态。

---

① 赵曦.美国高校科技成果转化管理机制[N].中国社会科学报,2018-5-7.
② 李毅中.中国科技成果转化率仅30% 发达国家达60%~70%[N].南方工报,2020-12-18.

除此之外，中国高校还面临一个严重掣肘科研人员开展工作的系统问题——科研管理制度。有的科研需要较长时间才出成果，但是绩效考核又要求在规定时间出成果；有的科研项目需要更加注重成果转化，但是项目评审考核只侧重学术界的评价，市场化评估未能发挥作用。这些两难、多难问题不是个例。此外，复杂的财务审批流程使很多博士生和行政助理沦为教授们的经费奔走者，耗费大量时间、精力。

相比于高校，科研院所更是纯粹的带编制运行的机构，垂直指导和横向互动交流以及良性竞争关系和监督机制都不够健全，甚至很多地方性科研院所更像是一座座"孤岛"，不用说与国际交流不多，哪怕跟国内一线城市前沿领域的交流都比较少。

很多问题的存在是有历史原因的。新中国成立后，为尽快适应经济社会发展的需要，为百废待兴的国家培养人才，大学课程体系的设置有别于欧美模式的通才教育，更注重培养专才，对教育也实行计划经济式的高度统一集中管理。改革开放后，尽管市场经济体系逐步建立，但高校通过多年的发展还是形成了固有的行政体系和自身利益，在职称评定、评奖评优、绩效考核等相关方面往往都强调对院系专业的贡献，科研人员很多都被框定在实体化的学院里，不利于跨院系、跨专业的有效合作。此外，尽管近年来国家财政在科研方面的投入不断增加，但科研院所经费、人员工资待遇不足的问题仍比较突出，科研人员既从事科学研究，又提供公共服务，还需花费大量精力通过创收解决经费问题。科研人员离岗创业、兼职兼薪和技术入股等深化"放管服"改革的配套政策尚未有效落实落地，难以激发科研人员的积极性。这些问题都是随着时代发展而逐渐产生的，也需要用与时俱进的办法去解决，那就是对创新的源头进行创新。如果源头受堵，那么创新也无从谈起。

要解决问题，必须革新科研组织模式，围绕学科重点问题、亟须破解的难题，加大力度推广集中优势资源共同攻关的组织模式，形成跨学科、跨院系集中攻关重点课题的有效制度。另外，项目负责人特别是战略科学家应该在研究方向和技术路线方向上具备更大的决策权，在确保研究大方向不变、符合相关考核指标的前提下，有权自主方便地调整研究的子方向，更改技术研究路线，适当增加预算，调整项目组内部人员结构等。

跨学科，跨出新成果

现代科技创新往往需要综合性、系统性的学科知识支撑，在交叉学科更容易出现新的突破，在人才培养、科技研发中都是如此。

密歇根大学的学位设置中，除了按照一般的学科门类，如文学、理学、经济学、管理学等设置,还有被明确称为"跨学科学位"的 BGS(Bachelor of General Studies)。从英文的角度看,BGS 叫通识教育学位可能更合适。BGS 没有明确具体主修课程,但是学生必须从 3 个或以上的不同学系选择课程进行组合,并且还有具体学分的限制来保证学生跨学科学习的质量。

跨学科研发的一个经典案例是美国的曼哈顿计划。爱因斯坦给时任美国总统罗斯福的一封信里提到了原子弹的巨大威力。就从这个提议开始,美国启动曼哈顿计划研发原子弹,仅仅过了 3 年就让这个当时甚至属于科幻领域的武器变成了现实。这项工程可以说是人类历史上最大的军事工程,研发人员涵盖了科学、军事、工程等多个领域。

爱因斯坦提供了他著名的质能方程式,多名诺贝尔奖得主、1000 多名科学家,费米、玻尔、费曼、冯·诺伊曼、奥本海默等当时科学界的顶级人物云集,高峰期时近 60 万工作人员投身研发,加上海量的投入(说法不一,比较普遍的数据是 20 亿美元左右,在当时可谓是天文数字),终于成功研发出原子弹。保密起见,也是因为研发需要,高层人员将该工程划分为特别细分的领域,各领域的工作人员只干自己

> 领域的事情，既不知道别的领域工作人员在干什么，更不知道自己在造原子弹。

同时，还要提高科研项目管理、财务管理的效率，不断完善科研项目和经费使用的信用管理和信息公开制度。财务报销是被广大科研人员所诟病的重点领域。"到了年底，基本所有的工作都得停下来，全身心投入报销'事业'中。我不是在财务处等待报销，就是往返在报销的路上……""世界上最可悲的是，项目早做完了，经费还没花完……""把科学家逼成会计"是学术界的常见之事。因此，在保障有效监督的前提下，切实简化审批流程特别是财务审批流程，减少财务制度对科研的"阻碍"显得迫切而重要，不能让科研人员在填数字、贴单据、数发票的过程中耗费了宝贵的时间和精力。

科研人员的创新活力决定了科研的质量。要完善科研院所人才评价、职称晋升、绩效评价等考核制度和激励分配制度，健全科技成果所有权改革，赋予科研人员科技成果所有权或长期使用权，建立健全科技成果转移转化机制，推动科技创新成果加速转化，实现社会价值和商业价值的最大化，从而更大地激发科研人员的研究热情。

在中国说到科研组织，我们第一时间想到的都是公立性的机构，这些机构在大众看来更加正规权威，但是实际上一些非公立的组织在业界也有很大影响力，在创新领域也发挥重要作用，需要加强对非公立组织的支持。比如通过行业协会提供支持，加大政策保障力度，促进公立组织和非公立组织立足研究领域深耕细作，破除合作的壁垒和障碍。

贝尔实验室：曾经是地球上最伟大的实验室之一

贝尔实验室曾经是世界上最有影响力的私人研究机构之一。贝尔，就是亚历山大·格拉汉姆·贝尔（Alexander Graham Bell），电话专利的获得者。1876 年，贝尔呈交电话专利申请并获得批准，第二年创办了贝尔电话公司。1895 年，贝尔电话公司将其正在开发的美国长途业务项目分割，建立了一家子公司，就是大名鼎鼎的美国电话电报公司（AT&T，American Telephone & Telegraph）。1925 年，AT&T 将收购的西方电子公司的研究部门和自身的研发力量整合，单独成立了一个有一定自主研发主权的公司——贝尔电话实验室有限公司（即后来的贝尔实验室）。

建立之初，贝尔实验室就致力于数学、物理学、材料科学、计算机编程、电信技术等方面的研究，尤厄特（Jewett）是贝尔实验室的首任掌门人，物理学博士出身。他坚持让贝尔实验室按照基础研究与技术创新并重的发展思路运行，保证每年至少有10%的科研人员和10%的科研经费是投入基础研究的。正是基础理论的研究，为贝尔实验室后来的辉煌打下了坚实基础。

1947年，晶体管在贝尔实验室诞生。发明晶体管的约翰·巴丁、威廉·肖克利、沃尔特·布拉顿三人共同获得了1956年的诺贝尔物理学奖。晶体管的问世标志着电子工业革命的开始，人类也即将进入电子信息社会。

1969年，贝尔实验室的肯·汤普森和丹尼斯·里奇成功研发出了UNIX系统和C语言（1980年，本贾尼将其发展为C++语言），他们可谓是码农的"祖师爷"。同样在1969年，贝尔实验室的乔治·史密斯和威拉德·博伊尔（2009年诺贝尔物理学奖获得者）发明了CCD（电感耦合原件），CCD正是现在相机、扫描仪、扫码机必备的感光组件。

贝尔实验室在鼎盛时期，几乎平均每天产出一项专利，出过11位诺贝尔奖获得者，16位美国最高科学、技术奖获得者（美国国家科学奖章和美国国家技术奖章，均由总统亲自颁发），4位图灵奖（"计算机界的诺贝尔奖"）获得者。

可惜，贝尔实验室背靠的母公司朗讯江河日下，后来没有资金再继续支持贝尔实验室的科研开支。2001年，朗讯不得不关闭贝尔实验室大部分研究部门，大批世界一流科学家失业，贝尔实验室名存实亡，现在只是一个小的研究机构。私立研究机构的兴衰在很大程度上会受到其资助机构的影响，这就是我们下一节要讲到的创新主体——企业。

"不创新即死"——企业

企业跟学校和科研机构面对创新的态度和目标是不同的，学校和科研机构主要从学术研究和造福社会大众的角度进行科技创新，而企业主要是围绕产品升级、产业可持续发展、保持自身竞争力的角度来进行科技创新。企业的出现改变了人类社会，也改变了科技创新的面貌。不创新即死，不是说企业自己不开展科技创新就一定会死，而是说企业如果不融入科技创新浪潮、不使用科技创新的成果，就难以"基业长青"，就会慢慢走向衰落。现在的企业要保持头部地位，不仅要成为科技创新成果的使用者，更要成为科技创新的推动者。

"公司是最伟大的发明"

担任美国哥伦比亚大学校长长达44年、当过七届美国总统顾问的尼古拉斯·默里·巴特勒（Nicholas Murray Butler）曾说过："现代社会最伟大的发明就是有限责任公司！即使蒸汽机和电气的发明也略逊一筹。"回顾人类历史，技术创新和社会制度的创新都很重要，而人类社会诞生了公司这种组织体制，是巨大的变革。

14—15世纪，文艺复兴下的欧洲，在地中海沿岸，近现代的公司雏形已经出现。当时，海上贸易盛行，这是风险非常大的生意，经常船毁人亡。拥有大量财富的资本家既想赚钱，又不想去海上冒险，于是建立了一种商事契约。契约规定：资本家出钱，航海者出力。赚钱了，利润按约定比例分配；亏损时，航海者用个人身家和生命来承担无限责任，资本家在出资范围内承担有限责任。这种组织形式非常类似于今天的有限合伙企业，资本家与航海者的关系也类似于现在的风险投资人与创业者的"对赌"关系。

可以看到，公司的出现并不是为了创新，而是为了盈利，恰恰是这一经济需求驱使企业不断创新。公司从出现的那一刻起，就跟未知和冒险紧密联系。公司虽然是为了赚钱而诞生，但是其能聚拢资本、形成合力，同时又能分担风险、保护财产，这都为创新提供了坚实的物质基础。

创新是面向科学未知的冒险，烧钱难以避免。就像大航海时代那些冒险家一样，面对的是广阔无边的未知世界，到处都是"无人区"，不知道走哪条航线才能达到想去的彼岸，不知道彼岸是否有想要的物品，只有靠着充足的物质支持以及智慧、努力、运气才能获得成功。

公司这种组织模式的出现，能让股东以出资额为限承担有限责任，使得投资人各项投资之间实现风险隔离，使得创新的风险对投入者而言是可管控的，不必担心冒险失败会带来倾家荡产，推动企业成为最活跃的科技创新主体。总体来看，企业的最大优势是能够快速精准地了解市场需求，将市场需求转化为科技创新需求，为科学研究指明方向。所以在科技发展史上，很多科技创新成果是企业创造的，基础研究的创新很多也需要通过企业才能转化为产品。

当然，企业成为科技创新的主体往往是一个循序渐进的过程。以我国为例，改革开放初期，科研院所和高校是我国技术开发的主要力量，随着科技体制改革不断推进，企业对科技创新的作用不断显现，逐渐从技术开发主体成为技术创新主体。①

2020年11月，党的十九届五中全会首次将企业定位为创新

---

① 1985年3月《中共中央关于科学技术体制改革的决定》提出，"大力加强企业的技术吸收与开发能力和技术成果转化为生产能力的中间环节，促进研究机构、设计机构、高等学校、企业之间的协作和联合，并使各方面的科学技术力量形成合理的纵深配置。"1993年11月党的十四届三中全会《关于建立社会主义市场经济体制若干问题的决定》，首次提出"使企业成为技术开发的主体"。20世纪90年代，科研院所分类改革，技术开发类科研机构实行企业化转制，初步确立了企业技术开发主体地位。2007年12月颁布的《中华人民共和国科学技术进步法》提出，"国家建立以企业为主体，以市场为导向，企业同科学技术研究开发机构、高等学校紧密合作的技术创新体系，引导和扶持企业技术创新活动，支持企业牵头国家科技攻关任务，发挥企业在技术创新中的主体作用。"改革开放和社会主义现代化建设新阶段，企业技术创新主体地位基本确立。

主体，提出"强化企业创新主体地位，促进各类创新要素向企业集聚。推进产学研深度融合，支持企业牵头组建创新联合体，承担国家重大科技项目"等重要论述。2021年11月24日，习近平主席主持召开中央全面深化改革委员会第二十二次会议审议通过《科技体制改革三年攻坚方案（2021—2023年）》，进一步将企业定位为科技创新的主体，进一步明确"发挥企业在科技创新中的主体作用，推动形成科技、产业、金融良性循环，加速推进科技成果转化应用"。[①] 党的二十大报告中指出，"强化企业科技创新主体地位，发挥科技型骨干企业引领支撑作用，营造有利于科技型中小微企业成长的良好环境，推动创新链产业链资金链人才链深度融合"。

企业并不是自诞生以来就马上成为推动科技创新的关键力量，它跟科技创新的缘分来源于企业的整合能力和企业对创新的渴望，凭借对人才、技术、资金等创新要素灵活配置的优势，能够有效运用产学研领域的各方资源，建立全产业链深度协同的创新体系，全面提升产业链上下游的整体创新能力。

从技术源头来看，随着专利使用的高效化和知识产权保护的不断完善，企业能在合法的前提下更为顺畅和便捷地获取高校的科研成果。比如美国在20世纪80年代通过《拜杜法案》，让企

---

① 习近平主持召开中央全面深化改革委员会第二十二次会议，参见：https://www.court.gov.cn/zixun-xiangqing-333121.html。——编者注

业使用高校或科研组织的专利费用大幅降低。以前只有大企业才买得起专利,现在广大小企业也能用比原来低得多的价格购买专利,极大地激发了更多企业的创新活力。

从企业自身来看,可以分为自主创新、模仿创新和合作创新几种模式。自主创新是企业依靠自身力量独立完成技术创新;模仿创新是企业通过引入技术、产品、知识,通过研究吸收形成的创新,用现在的话可以理解为"边'山寨'边创新";合作创新是多方通过资源共享互补、合作开发实现技术创新。

从创新的风险和力度来看,可以分成渐进式创新和突破式创新。渐进式创新是对现有产品、技术较小的变革,是对现有活动或技术的改进、调整或延伸。突破式创新是一种变革性、颠覆性的创新活动,往往超越现有市场,能够创造全新的市场,实现跨越式的突破。渐进式创新风险低、见效快,但创新程度低;突破式创新可实现大突破,但往往成本高、风险大、收益难预测。如果只有渐进式创新,很容易在竞争中落后甚至被淘汰;而过度开展突破式创新,则会占用较多资源,企业将面临较高成本和风险,因此保持二者的动态平衡很有必要。

然而,并不是所有的突破式创新都需要高成本、承担高风险,有些创新从技术上看其实只是一个微小领域的小改变,需要的改进不多,但是能带来重大变革或者市场上的重大成功。比如,微信一开始其实就等于语音短信,抖音只是把网络长视频改成了短视频模式,从技术上看并没有多大难度,但通过对社会的影响和市场的反映来看,却是实打实颠覆性的创新,改变了人们的生活习惯甚至是生活方式。所以,某些看似不经意的技术"小创新",往往带来了后期意想不到的变化,形成社会的"大变革"。

微信——改变社会的"小杠杆"

2011年微信诞生,创始人张小龙可能也没想到它后来会给全社会带来那么大的改变。文字变成语音,这种聊天方式让一批年轻人很"上头",欲罢不能,沉迷至深。微信投入市场后广受欢迎,随后推出微信支付,通过"过年红包"等方式迅速推广,为进入在线支付市场打下了坚实的基础,推动后来的"无现金"社会产生。通过多年的发展和经营,微信高度绑定了全民的支付账户和社交关系,让手机成为生活必需品,甚至是随身携带必备品。

新冠疫情防控能精准定位,其中一个重要原因就是通过GPS信号、微信消费记录等方式来实现定位。有意思的是,因为人们身上不再带现金,微信转账可以直接暴露罪犯身份,甚至直接抢劫现金的案件也可以通过手机定位查找那个时间的"时空交错者",从而有利于警察寻找罪犯,这大大降低

> 了抢劫等案件的发生。
>
> 某位著名企业家同时也是著名知识博主在2015年出版的书中评论微信是互联网时代的颠覆式创新。颠覆式创新的相关理论曾预测在未来几年会有颠覆微信的应用出现,然而时至今日,微信在社交应用的地位依然不可撼动。

"有形的手"与"无形的支持"

政府、高校、创新服务机构都在支持企业科技创新,但政府能从更高层面和更广维度激励企业更好地推动科技创新,同时引导社会各方面主体以更大力度支持企业。政府既是"瞭望者"和"规划师",也是搭建激励创新制度的"设计师"和"建筑师"。在一定程度上,政府的社会治理能力和水平、营商环境的好坏将直接影响企业创新的成效。

先来看看国外的情况。以色列是全球高新技术企业密度最高的国家。近年来,以色列企业研发投入占全国GDP的比例一直处在3.5%左右,稳居世界第一。在政府创新政策引导下,以色列企业不断聚集化发展,形成了以海法、特拉维夫-赫兹利亚、耶路撒冷、贝尔谢巴为核心的四大产业集群区域。

对于初创企业,以色列政府会提供专项资金等方面的支持,除此之外还大力鼓励私人投资，比如著名的 Our Crowd 众筹平台就聚集了 110 多个国家和地区的私人投资者。针对规模企业，以色列政府以风险投资为主。以色列人均风险投资额位居世界第一，其风投机构能完全覆盖创业公司从种子轮到最后上市的全链条投资需求，形成了良好的风险分散和资本退出机制。以色列风险投资约为欧洲总量的 50%，其中国外风投的占比达到了 84%。[①]

再看看走在科技创新前列的德国。德国政府主导的高科技天使基金、创业投资基金占其国内天使投资总量的一半以上。德国政府控股的复兴银行会利用欧洲复兴计划（ERP）的专项资金为高科技公司提供融资。2005 年，德国筹集了 2.72 亿欧元成立高科技创业基金（HTGF）以资助高科技企业，其中约 90% 来自德国政府的财政，约 10% 来自各大企业和德国复兴信贷银行。HTGF 投资一般有两种方式：一种是直接投资中小企业 50 万欧元可以转股的贷款，并获得企业 15% 的名义股份；另一种是向项目提供 7 年共 150 万欧元的投资。同时，德国政府也鼓励风险投资基金对创新创业者进行投资，特地制定了对风投基金进行财政补贴的政策（INVEST 项目）。德国政府还有通过财政直接支持企业的科研研发计划，如"中小企业中央创新计划"（Central Innovation Programme for SMEs，德语称 ZIM）、"中小企业创

---

① 张倩红，刘洪洁. 国家创新体系：以色列经验及其对中国的启示 [J]. 西亚非洲，2017（3）：28-49.

新计划"（KMU-innovative）、"工业共同研究计划"（Collective Industrial Research，德语称 IGF）等。甚至有时政府还会直接出手帮助高科技企业提升管理水平、开拓国际市场。

全球最出名的创新企业集聚地——美国硅谷的崛起也离不开政策的大力支持，比如政府直接采购。可能很多人不知道，1955年至1963年期间，硅谷半导体产业 35%~40% 的营业额来自政府采购，政府通过最直接的支持方式——政府采购来大力扶持高新技术企业。同时，美国政府也会对科技园区的土地进行详细规划，比如位于硅谷的斯坦福大学每次扩建时，尽管周围的社区、环保主义者和其他特殊利益组织会提出各种诉求，当地政府还是会积极协调各方利益来帮助大学扩建。而且，政府致力于持续改善硅谷交通状况和住房条件。从住房来看，美国政府作为开发商来建房一般只针对低收入人群，但是由于硅谷经济发展日益壮大，房价也越来越高，地方政府也开始联合苹果、Alphabet（原谷歌公司）、Meta（原脸书公司）等科技巨头开发"经济适用房"，缓解部分人群的燃眉之急。

具体到我国，政府也主要通过资金、金融、税收等方面对科技企业提供政策支持。政府设立支持科技企业发展的各种创新基金与专项基金，建立健全贷款贴息、贴补科研基金、完善帮助企业融资的相关机制，提供税收优惠等政策，同时还在土地规划、技术服务咨询、政府采购等方面提供支持。科技部的研究员曾对我国科技创新政策体系做了归纳，如图 3-1 所示。[1]

推动科技创新，关键还是要充分发挥要素的作用，有针对性地用好政府"看得见的手"，通过弥补市场缺陷、优化产业布局、树立正确导向、完善产权保护、弘扬科学精神、强化国内外沟通合作为企业提供全方位支持。虽然我国科技创新政策体系已经在不断健全完善的道路上，但仍存在许多亟须解决的问题。比如，当前我国对企业创新的财政扶持资金大多属于事后补贴且金额较小，对于企业的作用更多是激励和鼓励。同时由于政策宣传力度不够，企业申请时所需条件多、手续繁杂、审核评选时间较长，只能选择"用脚投票"，真正开展科技创新的企业不愿参与，部分参与申请的企业"醉翁之意不在酒"，更多是希望以政府支持的"名号"进行宣传。

同样，在国外，也有一些不合时宜、不符实际的举措出台后，未能发挥对科技创新的支持作用，而是起到反作用。比如苏格兰于 2003 年启动了一个雄心勃勃的技术中介计划——"苏格兰企业"项目（Scotland Enterprise of the Intermediate Technology Initiative，以下简称"ITI"），希望借此解决大学研究成果转化率低、高科技创业规模有限等问题，促进新技术企业的形成，推动苏格兰经济实现转型。尽管当地政府对此期望很大，在政策、资金等方面投

---

[1] 贺德方，周华东，陈涛. 我国科技创新政策体系建设主要进展及对政策方向的思考 [J]. 科研管理，2020（10）：81-88.

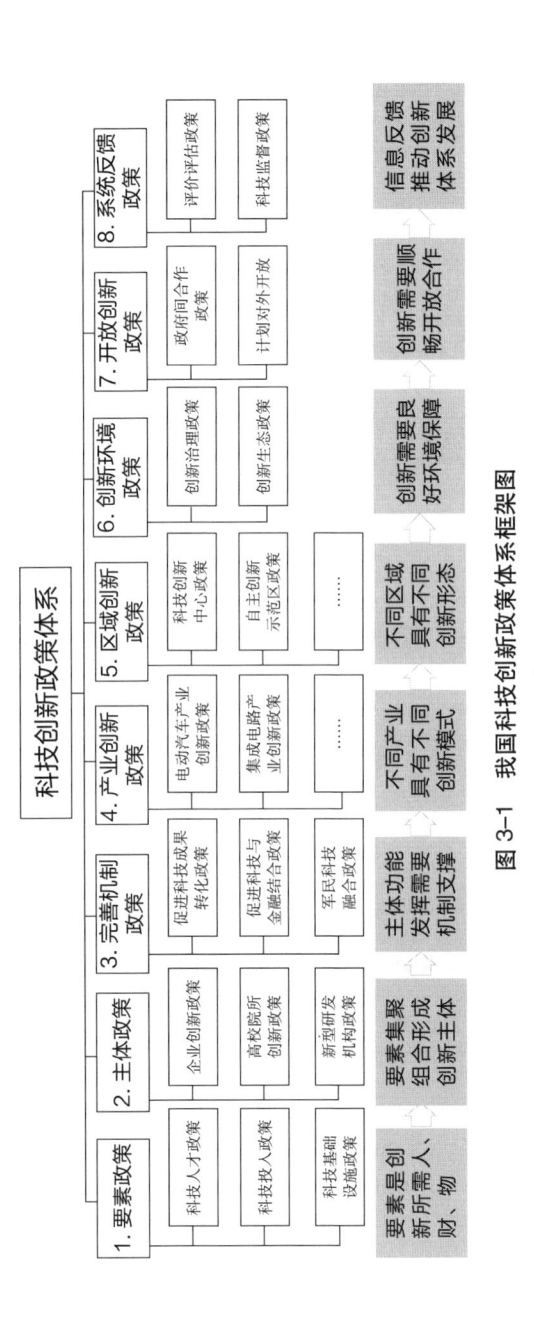

图 3-1 我国科技创新政策体系框架图

入了巨大支持,但是 ITI 最终未能实现其目标,并在 2013 年 3 月被提前终止,主要原因是机制设计不合理、不符合创新发展规律,内部制度有问题,也没有契合当地创新生态发展的需要。①

我们可以看到,好的政策会对企业起到巨大的支持作用,不够好的政策(尽管出发点是好的)则会对企业和科技创新带来消极影响。对科技创新的支持,一定要坚持结果导向,尊重客观规律,充分发挥政府引导作用、平台效用,懂得适时、适度、适宜地提供支持。

瑞士:连续 12 年被世界知识产权组织评为全球最具创新性国家

作为一个资源匮乏、国土面积小、人口大约只有 870 万的国家,瑞士一直将创新视作经济发展的源泉,有 14 家企业进入全球 500 强。②高端人才聚集、极为发达的金融业、独具特色的工业体系、全球领先的生物科技、首屈一指的教育资源等因素,共同促成了瑞士创新的领先地位。

---

① Brown, Ross, Geoff Gregson, and Colin Mason. 'A Post-Mortem of Regional Innovation Policy Failure: Scotland's Intermediate Technology Initiative (ITI)', *Regional Studies*, vol. 50/no. 7, (2016), pp. 1260-1272.

② 源自《财富》杂志官网,https://fortune.com/global500/2022/。

> 从政府角度看，瑞士的政策有点像中国老子的"无为而治"，不太干预企业的经营，而是提供系统性、制度性的支持。以瑞士著名的生物产业为例，联邦政府每年通过国家科学基金会（SNSF）资助其基础研究，并对与其相关的基础设施进行改造和建设。瑞士技术和创新委员会（CTI）每年承担校企合作研发项目50%的支出，对生物技术新兴领域的成果应用转化进行支持。
>
> 其中要特别注意的是，瑞士是全球税率最低的国家之一。联邦、州和市政三个层级加起来的总税率和其他工业化国家相比仍非常低。初创企业和落户瑞士的外国企业，可获得州一级长达10年的企业和资本税优惠政策。化工和医药产品享受降低2.5%的增值税税率。在审评制度层面，作为全球注册程序最快的国家之一，瑞士国家医疗产品管理局和瑞士治疗产品署批准一种新药仅需要短短几个月（不包括公司内部耗费时间）。

想起笔者之前在英国剑桥科技园调研学习时，遇到一位剑桥资深校友同时也是创投界的国外前辈，他长期跟中国的企业家打交道，曾感慨地说："我发现中国社会对于创业的容错率跟英国相比太低,一个连续创业失败的人在中国社会往往会被嘲笑或者不被重视,但是在剑桥,人们常常会钦佩他的勇气和执着。"他说的情况至少在一定程度上反映出我们在营造全社会支持创新创业的氛围上还有较大提升空间,这需要从学生教育、创业支持、舆论引导等方面综合施策,才能逐步提供一个更有利于创新的环境。

科技创新服务机构价值几何

全球化时代,科技创新迫切需要也深度依赖发展科技创新服务业。因为科技创新的需要,才诞生了科技服务业;因为有了科技服务业,科技创新的生命才更为持久和旺盛。科技服务业可以帮助整合人才、技术、资金等资源,提供研发、金融、法律服务、检验检测认证等支持,更好地实现人才、技术和资金的连接,充分发挥各要素的作用;可以提前淘汰和过滤较差的项目,降低创业者的风险,实现资源合理高效配置;可以帮助整个产业形成全链条的创新服务体系,打通其中各环节的堵点,推动科研成果进入市场,让科研人员得到精神和物质上的回报,保护好知识创新成果,从而让创新始终葆有不竭的原动力,进一步激发全社会的创新活力。

从全球范围看,科技服务业有两类典型发展模式。

美国硅谷模式

硅谷作为世界上最负盛名的创新集聚地,是研究科技创新服务绕不过去的绝佳研究对象,也是特别具有借鉴意义的实际案例。硅谷位于美国西部旧金山南端的狭长谷地,汇集了苹果、Alphabet、Meta 等世界一流公司,是全球高科技创业的伊甸园。高度发达与市场化的科技服务业公司集群,是硅谷形成创新创业集聚的重要支撑,主要有两个因素。

先进的科技银行体系可以提供综合高效的金融服务。硅谷银行是世界上最著名的科技银行,专注于为高科技、生命科学、私募股权等方面的企业提供金融服务,为初创企业提供知识产权质押贷款等有针对性的金融产品,会根据情况派遣专门的服务代表,与初创者在一起工作,帮助企业家寻找合适的投资者、发现问题、解决问题并扩展业务合作网络。除了利息收入,硅谷银行还会通过认购股权等方式跟高科技企业共享成长收益。在 2023 年 3 月爆发危机之前,硅谷银行曾为硅谷地区 70% 以上的风险投资支持的企业、全美 50% 以上的风险投资支持的企业提供服务。根据海外媒体的统计,迄今为止硅谷银行已经支持了 3 万多家初创公司(包括 Meta、推特等)和 700 多家投资机构。不可否认硅谷银行在科技创新方面发挥了重要作用,曾经开创了独一无二的商业模式,成为科技创新的重要助推器。

硅谷的科技服务业在不同细分领域具有各自特色的一流明星机构,为高科技企业提供持续管用的专业化服务。比如,知识产权专营公司通过进行专利风险管理而获利;YC 公司(硅谷知名孵化器公司）通过密集高效的信息交流和有针对性的推介，帮助团队形成具有吸引力的投资点，在获得投资后持续帮助其吸引跟进投资，目前已投资上千家公司。提供综合服务、对接供求双方的孵化与技术转移一体机构"即插即用中心"可以有针对性地为高科技大企业在特定领域与小的创业公司强化对接。针对专精特新的小公司，投资公司可以帮助其进行全链条跟踪投资，调动资源提供资金、服务、技术支持，有效推动硅谷整个科技产业特别是互联网产业的全面发展。

硅谷银行——成败转头空

成立于 1983 年的硅谷银行（SVB），主要为科技类企业提供融资等金融服务，美国有 1/3 以上的科创企业都是硅谷银行的客户。截至 2022 年年底，硅谷银行总资产约为 2090 亿美元，虽然按照合并资产排名来看，仅为全美第 16 大银行，但其在科技创新、风险投资领域扎根长达 40 年。可以毫不夸张地说，硅谷银行是美国硅谷神话的见证者和助推器，这次轰然倒下，对于全球的震动不可小觑，成为 2008 年国际金融危机以来倒闭的最大美国银行。2023 年 3 月 7 日，硅谷银行还登上了《福布斯》年度美国最佳银行榜单，并入选《福布斯》首届金融全明星名单，然而仅仅过了三天就破产了。

硅谷银行的倒闭原因说起来也不复杂。美国实施量化宽松和超低利率时期，很多高科技公司在硅谷银行存款。硅谷银行的管理层决定将大部分资本投资于持有至到期类资产（HTM）以赚取利差。而在美联储为了克服通胀而激进加息之后，美国国债价格迅速下跌，这就恶化了硅谷各家企业的财务状况。很多储户开始从硅谷银行提取存款，造成银行的流动性出现问题。为了应付储户取款，硅谷银行只好将原本标记为持有至到期的债券变更为可交易性质，从而不得不披露账面出现的巨大损失。这一消息一传十、十传百，储户担心硅谷银行的资本金发生损失祸及自身存款安全，纷纷抓紧提款，于是出现了挤兑。为了应付挤兑，硅谷银行被迫出售更多的债券，于是蒙受了更大损失，这就形成恶性循环，最终导致硅谷银行的倒闭和被托管。[1]

有媒体发出感慨，硅谷银行陪伴初创科技企业、陪伴沙丘路（斯坦福大学西侧的沙丘路，被称为"硅谷的'硅谷'"）的投资伙伴走过了40年，而那些曾被其支持的人却

---

[1] 《硅谷银行倒闭与美金融模式之困》，《经济日报》2023年3月15日。

> 连40个小时都没有给它。然而，也有很多企业和企业家站出来。截至2023年3月12日，已有包括红杉资本在内的325家风投机构，签署了一份共同支持硅谷银行的声明；此外，雇用超过22000名员工的650名创始人也共同签署声明表示，要求监管部门阻止灾难发生。
>
> 　　不管如何，硅谷银行此次重大危机对于科技企业和整个金融市场都会带来重大影响。美联储等官方机构不会坐视不管，已经出手托底。展望未来，硅谷银行等科创服务金融机构不会彻底倒下，还有很大的发展空间，但这次事件已经给大家敲响了警钟，也给金融服务科技创新出了一道新的题目。

"欧洲的硅谷"——法国索菲亚科技园区模式

　　索菲亚科技园区是法国创办最早、规模最大、最有影响力的一个高科技园区，被称为"欧洲的硅谷"，与英国的剑桥科技区和芬兰的赫尔辛基高科技区并称为"欧洲三大科技园区"。索菲亚科技园区所在地里维埃拉处于自然保护区，从建立之初就强调环保，整个城区掩映在绿荫中，无污染工业，环境优美、生态良好。在建立之初，索菲亚科技园区就引入了巴黎矿业学校、尼斯地区商会、电信学校、法国石油研究院、国家科研中心等国家级高校院所，后来又组建引进了法国国家信息与自动化研究所、"欧洲技术研究所"等机构。入驻索菲亚科技园区的客户主要是研发机构、技术型公司、科技创业企业、企业孵化器等。在引入大量高校和研究院所逐步成为法国高校和研究机构最为集中的地区后，索菲亚科技园区出台系列政策，支持本地中小企业以及从高校和研究院所剥离出的新生企业发展，从而催生了大量"幼苗企业"，为索菲亚科技园区的科技创新与成果产业化发展提供了丰富的源泉。

法国政府对园区的技术转化能力非常重视，将法国国家信息与自动化研究所（法文为 Institut national de recherche en informatique et en automatique，简写为 INRIA）的分支移到索菲亚科技园区，成立技术移转中心（INRIA Transfert），INRIA 提供基础研究技术转移，促进园区内的中小企业发展。也就是说，这些企业可以用自动化研究院的研究成果来进行成果转化，从而投入市场。同时，科技园区引进商学院成立校级孵化中心，鼓励学生在园区创业，形成学校与园区企业的良好合作关系。

与美国硅谷或其他国家的高科技园区不同，索菲亚科技园区没有高等院校和科研机构作为起步发展的依托，而是在一片空地上从零开始。当时把园址选在这里有三个重要原因：一是地处"蓝色海岸"的阿尔卑斯——滨海省多年来一直以旅游业为生，经济结构单一，建立科技园区可以优化经济结构；二是这里交通便利，距法国第二大机场尼斯国际机场仅20多公里，与著名的戛纳电影城和格拉斯香水之都也只有十几公里之遥，具备吸引外来企业和外来资金的条件；三是这里气候条件虽好，但土地贫瘠，发展农业无前途，可以发展科技园区，而且开发不占用耕地。索菲亚科技园区的企业以中小企业为主，具有非常发达的服务业，涵盖生产研究的方方面面。科技园区国际化程度高，外资公司占比在10%以上，外国人工作岗位占总岗位数的1/5以上，园区中有大量的国际学校招收世界各国的学生，风险投资公司中有50%左右是外国企业。截至2021年，园区拥有来自80个国家的2500个公司，其中40%涉及研发业务；53%涉及高科技，市值超过56亿欧元；提供了超过4万个就业岗位，同时有近4500位研发人员和5000多名学生。[①]

结合国内情况，有以下三种常见的科技创新服务机构。

共享的空间——众创空间

众创空间，用来代指以创客空间、创新孵化器等为代表的新型创新创业服务组织，[②]并不是我们从字面意义上看到的，给创业者和初创公司找一个物理意义上的办公空间，其建设过程实质上是通过搭建平台载体，引入和融合创新创业主体及相关要素资

---

① 根据东滩智库、邦城规划等机构研究材料整理。
② 吴杰，战焰磊，周海生."众创空间"的理论解读与对策思考[J].科技管理研究，2016, 13（36）：37-41.

源，并且在相关制度规则约束下，保障创新创业活动开展的有序性和高效性。[①]

国外众创空间虽运营模式各异，但也具有一些共同特征。首先，由于受到众筹文化、共享经济等影响，国外众创空间大多采取会员制，不仅为众创空间的经济来源提供了一定的保障，也保证了其在发展过程中的相对稳定性。其次，国外众创空间定期组织创新创业相关活动，营造轻松创业的氛围，提倡会员之间的自由交流，对具体的交流方式不做限制，这有利于信息流通，以及创客之间思维的碰撞。一些众创空间更是通过视频交流，打破距离限制，将其业务延伸到了许多发展中国家。国外许多政府都会鼓励各类企业或社会机构与众创空间进行交流合作，如英国持续时间最长的多媒体实验室 Access Space 与英格兰艺术委员会、欧洲社会基金会和英国国家彩票保持着合作关系，既让众创空间获得一定的经济支持，又能提高它在国民心中的认可度，为众创空间的持续稳定发展保驾护航。[②]

国外众创空间的成功经验显示，由个人或民间资本主导建立的众创空间在管理上具有更大的自主性、独立性和灵活性，在包容共享的创新创业氛围中更有利于激发创意。相比国外的众创空

[①] 尹国俊，蒋璐闻. 基于产权共享的众创空间资源聚合模式研究 [J]. 科学学研究，2021，39（2）：356-364.

[②] 仓依林. 国内外众创空间发展的比较及启示 [J]. 电子商务，2020（10）：68-69.

间，我国大部分众创空间由政府主导建立，并受到有关行政部门的管制，很多众创空间孵化器是"二房东"，主要靠赚取房租差价获取利润，忽视或者无法提供高质量的孵化服务。我国要通过建立多元主体运营的创新创业孵化平台，充分激发和调动广大社会群体的创新创业激情，更加聚焦企业、科研机构的需求，通过建立创新创业导师团队，为创新创业主体提供包括工商注册、财税管理、法律咨询等在内的一体化全方位增值服务，可以资本投入的形式参与到入驻企业的发展过程之中，形成可持续盈利模式，只有众创空间和企业双赢，才能推动众创空间的可持续发展。

创新的舞台——大学科技园

20世纪50年代末，国外大学科技园在美国硅谷兴起，斯坦福大学科技园是全球第一个大学科技园。1959年，美国政府依托哈佛大学和麻省理工学院建立了高新技术开发区，随后政府相继在各大学集聚区建立了研究院。20世纪90年代至今，大量发展中国家开始建设大学科技园。我国第一个大学科技园1988年诞生在东北大学，随后哈尔滨工业大学、北京大学、清华大学相继建立大学科技园，大学科技园模式在我国不断推广并壮大。印度、泰国、巴西等国家也不断探索大学科技园的发展道路。

早年，大学科技园主要由政府主导，例如新加坡肯特岗科技园、日本筑波科学城、俄罗斯莫斯科大学科技园、中国台湾新竹科技园等，这样可以避免市场发育不完善、法制不健全、外部环境较差等问题。后来发展出来的现代化大学科技园主要是市场主导。整体上来看发达国家以市场化主导居多，发展中国家以政府主导居多。

具体到我国大学科技园，发展模式主要有三种。一是独立建设模式，以一所大学为依托，科技园由大学独立创建并作为大学的组成部分，清华大学科技园、北京大学科技园、浙江大学科技园等均属这一模式。二是合作建设模式，大学科技园由大学与地方政府根据项目共同建立。该模式在我国大学科技园中居于主导地位，典型的有东北大学科技园、上海大学科技园等。三是虚拟建设模式。为破解大学科技园的发展受空间、时间和人员等因素制约，各地高校尝试探索建立以网络为基础的虚拟化大学科技园模式。北京大学、清华大学等国内一流高校，在非学校所在地设立若干个大学科技园分园，这些分园通过信息技术与主园相连接，作为转移大学技术成果的窗口。

当前，我国大学科技园建设存在一些不容忽视的问题。

定位不明晰。我们理想中的大学科技园应该是推动高校科技成果转化的实践载体，把科技创新成果转化为推动社会发展的生产力，然而实际上很多高校对大学科技园的考核过于看重经济效益，对科技创新能力提升和高质量科技成果孵化情况的考核不够。很多企业进驻大学科技园后，不仅没能帮助转化高校科研成果，而且还占据科技园的空间等，既浪费了资源，更出现错误导向。

机制不完善。有的大学科技园专业化人才匮乏、市场化激励机制缺失，靠收租存活，内部多头管理、"九龙治水"、权责不清，"糊涂账"一大堆，财务、法律等风险隐患较多。之前负债率连年攀升的启迪控股股份有限公司（简称"启迪控股"）是清华科技园开发建设与运营管理单位，2019年9月资产负债率为73.87%。2020年，负债千亿元的启迪控股完成交割，清华控股不再是其控股股东。清华科技园作为国内最好的大学科技园之一，为其提供运营服务的公司尚且存在严重债务问题，更说明这一问题值得关注。

成果转化不顺畅。大学、科研机构在市场调研和实际应用上了解不够，研发出来的成果没有市场发展潜力。大多数所谓的科技园还停留在技术转让、提供技术服务等低层次的"一锤子买卖"阶段。大学科技成果转化评估往往是通过专家来进行，专家本来就主要来自大学或科研机构，让一群不在市场"搏杀"的专家来评估科技成果转化，既难以判断准确，也很难有效指导。[①]

中小企业的助推者——生产力促进中心

还有一种非营利性的科技服务实体，就是生产力促进中心，它以中小企业为主要服务对象，组织科技力量（技术、成果、人才、信息）进入中小企业，以各种方式为企业提供服务，促进企

---

① 景晓辉，张虎，谢旭东. 产学研合作及科技成果评价与转化对策[J]. 中国高校科技，2021（S1）：21-23.

业的技术进步，提高企业的市场竞争能力。发达国家和新兴工业化国家的生产力促进服务机构经过几十至上百年的发展，目前已较为完善，对中小企业的稳步发展发挥了重要作用。

国内生产力促进中心的构建模式主要有三种。一是政府及其行政管理部门建立模式。这类生产力促进中心主要由各级科技行政管理部门建立，所占比重最大，特别是区县级生产力促进中心数量超过了全国生产力中心总数的一半。二是科研院所、院校建立模式。目前，这类机构以机械和化工行业为主，主要是利用院所、院校的信息、人才、技术资源，面向企业开展专题性服务工作。三是协作共建模式。这类生产力促进中心主要是利用各自的资源优势，形成优势互补、资源整合、利益共享，同时也借助和利用有关高校和科研院所的专家资源，面向市场开展综合性或专业性服务。一般来说，生产力促进中心在国内发挥的作用相对有限，科技服务体系和协同服务机制不够健全，服务方式老套陈旧，这在很大程度上制约了其发展。

内部孵化与面向市场

随着时代的变化，现在很多企业特别是创新类的大公司，纷纷在内部成立科技创新服务机构或者项目，或者提供经费让不同团队互相竞争开展新项目，实现"内部创业""内部创新"，这种方式更加便捷，效率也更高。

OPPO、vivo、一加手机，以及近些年在孩子间大火的小天才电话手表，都可以说是从段永平创立的步步高集团走出来的"巨头"。企业"内部创业"由于有母公司的支持，特别是有一批经过实战锻炼的团队，因此他们更懂得市场、更懂得创新需要什么，也就更容易成功。企业内部推动的科技创新，不在于在技术上是否最先进，关键在于能否解决市场、客户和行业的痛点，能否让科技创新成果切实造福人类。

还有一个更高阶的层次，就是努力提高全行业甚至全社会的科技创新意识和科技创新水平，进而培育更广阔的市场，培养和吸引更高素质的人才到企业，从而进一步促进企业的科技创新。

十年 WE 大会

WE——Way to Evolve。

WE 大会是腾讯一年一度的全球科学大会，始于 2013 年。大会于每年 11 月举行，邀请数名全球顶尖科学家进行同台演讲。大科学家们就像摇滚巨星，在如同科幻电影银幕的屏幕中，在 1000 万人的围观下，讲述奇思妙想、宇宙万物。无论是每天埋头干活、辛苦挣钱的白领"打工人"，还是在校园里刷题、读书、写论文、做实验的小中大学生，看到这样的节目，探讨宇宙、人类的未来、生命的奥秘，都难免会被激发对科学的敬畏和兴趣。

十年间，这个科学盛会从未间断。这是无关商业的大会，只有纯粹的科学。2015年项目组首次向霍金发出邀约，其因身体状况拒绝；2017年向霍金发出第三次邀约，终于成功。据说能请到霍金这样的大科学家来，是因为腾讯能帮他们触达普通人，尤其是年轻人。2019年，腾讯邀请清华的施路平教授分享其在类脑计算芯片方面的成果，团队亲自拜访讲述大会的历史和理念，说到其初心是"让年轻人更关注科学"，最终打动施路平——"如果是为了年轻人，我就来"，《自然》杂志封面文章介绍了施教授的相关研究。2019年，美国理论物理学家布赖恩·格林（Brian Greene）在参加WE大会时表示："不管是在美国还是其他国家，现在科学家们已经得到了显而易见的结论：如果大众对科学没有热情，科研经费就无从谈起；如果大众不关心科学，就没有意愿生产大型的科学仪器；如果大众不爱科学，也不会产生学习理工科、探索科学前沿的下一代的后来者。"

"让创新发生"——创新的动力机制

前两节,我们探讨了不同的创新主体,他们有着不同的使命。大学和科研机构,天生就是追求创新、追求智慧、追求知识的,这是他们的使命。而企业更多的是求生存、求发展、求利益,被动地开展创新。当然,现在许多大企业和企业家都会塑造一个非常伟大的企业愿景、使命,既可以激励员工、凝聚人心,也有利于塑造良好的企业形象。从创新过程和最终的成果来看,不同主体都能为科技创新做出巨大贡献。

其实,在不同主体不断开展创新的同时,学者们对创新理论进行研究的脚步也从未停止,我们希望找到创新的动力机制,指导我们更加高效、精准地进行创新探索。

从新熊彼特理论读懂创新是如何被推动的

熊彼特是第一位正式提出创新理论的经济学家。1912年,他在其著作《经济发展理论》中首次提出"创新"这一概念,并且将创新单独拿出来作为一个独立的变量,研究其对经济增长的作用,创造性地提出"创新是经济发展最本质的属性""创新是一种创造性破坏"（creative destruction）等一系列在当时独到的思想观点。

简单来说，熊彼特突破了西方传统经济学仅仅从人口、资本、工资、利润、地租等经济变量数量上的增长来认知经济发展，试图通过分析技术进步和制度变革在提高生产力过程中的作用，揭示并强调创新活动所引起的生产力变动在经济、社会发展过程中的推动作用。

发明者未必是创新者

创新是熊彼特理论的核心。熊彼特认为，创新就是"用新的生产要素与生产条件相结合，创造出新的成果"，其本质是对要素的重新组合。他突出强调了企业家的重要作用。在我们以前的观点看来，那些能创造出伟大发明的科学家是创新者。但是熊彼特认为，发明者不一定就是创新者。能把生产要素和生产条件的新组合引入生产体系，真正实现创新的人才是创新者，而这就是企业家。

后来，不断有学者丰富熊彼特的理论，逐渐形成了新熊彼特理论。无论如何发展，新熊彼特理论的重要关键观点依然认为创新是经济发展的源泉。追求利润最大化的企业愿意对新知识、新技术进行投资，既保证了企业的有效供给，同时也保证了市场上的有效需求。

可以梳理出来这么一个逻辑：企业家一方面为了赚钱，另一方面本身具有企业家精神，要追求创新、追求产品的更大进步，追求对社会更大的贡献，因此有足够的动力去推动创新。同时，企业家还有眼光，能看到市场的需求和潜在的商业价值；有能力，包括资金、组织、经营和动员能力；有胆略，敢于承担风险，善于驾驭复杂多变的市场形势。一个有动力又有能力的群体——企业家，自发且强烈的创新意愿，成为推动经济发展的主要原因。他们在赚取利润的过程中践行了企业家精神，推动了创新，推动了经济社会发展。企业家是真正的创新者。

创新比发明更重要

熊彼特区分了发明和创新的不同。先有发明，后有创新。发明是无中生有，创造出从来没有过的新技术、新物品，背后是新发现、新的技术突破，比如发明了蒸汽机、电话、汽车、计算机、卫星等原本根本不存在的物品。古人很难想象声音、信息和人可以远距离快速传输，所以才有飞鸽传书，千里眼、顺风耳的传说，以及《水浒传》神行太保的神奇故事。或许以后还会出现让人类瞬移的技术，人体其实就是信息和物质的集合，既然声音和图像可以从北京瞬间传递到纽约，为何人体不行？未来有可能出现《哈利·波特》中让人类瞬移的技术，就好比古人想不到今天我们使用的手机视频通话技术一样。

熊彼特说的创新，是利用已有的自然资源、产品、技术、人才以及制度等各种要素，通过新的组合，创造出新产品，形成新组织，从而实现新发展。他提出五种创新的情况，后人将其总结概括为产品创新、技术创新、市场创新、资源配置创新、组织创新。这里的创新不是指彻底从无到有的发现，而是对新技术、新物品的运用。

产品创新，比如苹果手机。手机是很早就有的发明，触屏手机也不是苹果公司第一个发明的。早在 1993 年，全球第一款触屏手机 IBM Simon 诞生，集手提电话、个人数码助理、传呼机、传真机、日历、行程表、世界时钟、计算器、记事本、电子邮件、游戏等功能于一身，在当时引起了不小的轰动。1994 年，该产品全面上市。但是一直到苹果公司在 2007 年发布了第一代 iPhone，触摸屏的时代才真的到来。苹果公司并没有发明触摸屏手机，但是真真正正地为手机创新做出了巨大贡献。

技术创新，比如雅虎。1994 年，在斯坦福大学攻读博士的杨致远（Jerry Yang）和大卫·费罗（David Filo）创立了雅虎公司。他们一开始是为了方便自己畅游互联网，把自己喜欢的网点记录和收集下来制成目录放到网上。后来随着需要收录的网站增多，他们将检索目录不断分门别类，从一个导航网站起家，之后一步步拓展了搜索、邮箱、购物和新闻内容等业务，开创了门户模式，靠收取网页广告费方式，实现用户免费访问，为后来全世界互联网公司崛起树立了榜样。这里面有从无到有的技术创新吗？其实更准确地说，有的是对技术运用方式的创新，是方法的创新。后来，雅虎被谷歌取代，一定意义上也是在技术创新上落了下风。

市场创新，比如国内互联网公司出海"降维打击"。2010年成立的猎豹移动，在2014年就以全球移动互联网第一工具软件的概念于纽交所正式上市，其最关键的一步就是出海，从手机清理软件入手，避开国内市场竞争，直接投入国外市场，做一个"移动国际版的360"，后来大获成功。游戏、手机、短视频等国内互联网公司纷纷出海，把国内模式运用到海外市场，发展迅猛，成果显著。

资源配置创新，比如"地平线欧洲"计划。1984年以来，欧盟已经执行八个研发框架计划，第九个框架计划即"地平线欧洲"于2021年施行。欧洲委员会提出的议案中，"地平线欧洲"计划的总预算高达1000亿欧元，这一框架计划将帮助欧盟站在全球研究与创新的前沿，发现和掌握更多前沿科学技术。在项目资金方面，"地平线欧洲"计划通过差异化的资助模式和混合融资方式等途径鼓励国家出资、撬动市场资源，充分利用来自不同机构、企业和市场的资本，丰富资金来源渠道。在科技人才资源方面，"地平线欧洲"计划强调鼓励不同地区和国家的利益相关者参与，以整合全球优势科技人才资源。同时，搭建评估-监测-评价的全过程体系，从科学、经济和社会影响三个维度评价资源使用情况，在更好地跟踪评价科技资源使用情况的同时，更全面地反映资源使用的效应。①

组织创新,比如科技企业的军团制。华为的创新案例一直被广大企业家、商学院教授研究,其中有许多关于组织架构的创新。近两年华为陆续成立了 20 个军团,先后提出"没有退路就是胜利""采取灵活机动战略战术""让打胜仗的思想成为一种信用"等口号。这种军团组织其实源于谷歌。谷歌喜欢"杀鸡用牛刀",招聘大量的计算机博士,来把一件事情做到极致。谷歌的军团是把基础研究的科学家、技术专家、产品专家、工程专家、销售专家和服务专家等汇聚到一个部门,快速实现产品从研发到销售的全流程周期。任正非希望军团作战,打破现有组织边界,快速集结资源,做深做透一个领域,对商业成功负责,为公司多产"粮食"。比如第三批成立的机器视觉军团、数字金融军团、站点能源军团,从名字上就能看出是针对业务领域成立的集成性组织。

通过新熊彼特理论,我们可以从一个角度看到创新发生的动力机制。企业家为了利润,同时也坚持着心中的企业家精神,通过对现有发明、社会资源等生产要素的新组合,推动了创新。科学家、研发人员的发明被企业家转化为实实在在的创新产品,造福普罗大众。这背后,是我们每一个人为了更美好的生活而努力

---

① 朱学彦,蒋娇燕.地平线欧洲计划的科技资源配置及对我国的启示[J].全球科技经济瞭望,2021(7):35-40.

拼搏，并在这个奋斗过程中，不断激起创新的浪花。

技术领先却创新失败

计算机科学家、硅谷风险投资人吴军老师曾感慨，世界科技史上最了不起、最可惜的，或许也是最失败的项目，就是摩托罗拉的"铱星计划"。

摩托罗拉为了实现市场领先地位，在1991年开启"铱星计划"，希望通过构建77颗近地卫星（后来减少为66颗）组成的星群，让用户在世界上任何地方都可以使用无线手机通信。整个"铱星计划"的成本高达60亿美元，每年的维护费用也需要几亿美元，设备终端铱星手机的售价高达5000美元，每分钟通话费为3美元，这价格就算现在看来也是非常高昂的，无疑让当时的大量用户望而却步。铱星系统投入商业运行不到一年就提出破产保护，在半年后的2000年3月，铱星公司正式宣告破产。摩托罗拉在技术上追求领先，但是过于超前市场的技术导致成本太高，而且实际上的通话可靠性和清晰度很差，也让用户失望。

20年后的今天，中国的柔宇科技似乎也走上了一条技术领先、市场失利的不归路。2014年，柔宇科技发布了世界最薄彩色柔性显示器，厚度仅为0.01毫米，卷曲半径可达1毫米。2018年，柔宇推出了号称全球第一款真正量产的折叠屏手机柔宇FlexPai。他们的核心科技超低温非硅制程集成技术（ULT-NSSP），能够优化生产工艺，降低生产成本，缩短生产周期，提高生产的良品率，曾被行业内认为是半导体显示领域的第三次技术革命。产品一亮相，就收获了各大奖项，引来了全球关注和疯狂的投资热潮。著名天使投资人、真格基金创始人徐小平曾在公开场合坦言，自己因错过投资柔宇科技，以至于每次看到柔宇的好消息都"心如刀绞"。

然而，追求技术高地的柔宇，却在公司内部管理上多次被诟病"一塌糊涂"。产品转化能力不足、战略摇摆不定、融资受阻、持续亏损，柔宇在技术上的优势并没有带来市场回报。很多厂商认为这一技术只有柔宇掌握，一旦产能跟不上就会导致厂商被供应链钳制，而且厂商也认为柔宇的良品率达不到行业标准。融资近百亿元（股权融资加债券融资约98亿元）、估值一度高达522亿元的独角兽企业柔宇科技，在2021年底被曝出资金紧张、拖欠员工薪资，2022年9月名下价值3714万元的财产被法院查封和冻结，同时被强制

> 执行还款累计超过 1 亿元。
>
> 　　有技术，但不善于开拓市场、公司内部管理堪忧的柔宇，如果等不来足够的资金支持以及科学的战略路线，可能就要面临公司倒闭和创新失败的窘境。

以开放式创新反熵增

　　"熵"这个概念在近几年火了起来，它首先是物理学概念，还有点复杂。简单来说熵就是无序的混乱程度：熵越小，就越有序；熵越大，就越混乱。

　　如何反熵增？那就要做功，不仅是物理学意义上的做功，在社会学意义上也是如此。热水自然会变凉，所以要生火加热；手机一定会变卡，所以要时常整理数据；组织一定会自然变散，所以要强化管理。科技创新，就是一个反熵增的过程。假设我们此刻就躺在人类科技成果的基础上，不再努力，那么接下来一定是秩序混乱、科技退步进而文明消亡。

　　热力学第二定律是封闭系统的规律。因此对抗熵增，首先需要从封闭走向开放。比利时科学家普里高津提出的耗散结构就是一个开放系统，通过不断与外界进行物质和能量交换，在耗散过程中从原来的无序状态转变为有序状态，这种新的有序结构就是耗散结构,这就不至于让一个系统因熵增而过快走向无序和死亡。特别典型的例子就是生命体,如果一个生命不吃不喝,等待他的就是死亡;当生命体通过饮食、阳光从外界系统吸收能量与物质,又通过排泄将废物排出,这就可以实现对熵增的有效对抗,在很长一段时间里保持自身的稳定和有序,不会因为熵增而很快走向无序和死亡。耗散结构的提出不仅是自然科学界的重大发现,也具有很重要的哲学意义,感兴趣的读者可以自行查阅。

科技创新必须开放和反熵增

开放式创新由美国加州大学伯克利分校的亨利·切萨布鲁夫(Henry Chesbrough)于 2003 年提出,既是对实践的总结,也在这 20 年来影响了无数企业的创新实践。简单来说,开放式创新就是一个组织需要娴熟地将组织以外的科技、知识、经验、人才,以更高效的方式导入组织内部"为我所用",打开组织的边界,更好地为顾客创造价值,从而获得战略竞争优势。

你会觉得这不就是废话嘛,说了跟没说一样,这都能成为过了 20 年还有旺盛生命力的理论?

且慢,让我们回忆一下以前的创新方式。长期以来,我们认为创新是一个或一群科技极客在封闭空间里秘密研发出新的产品、发现新的知识。好比我们在电影里经常看到正反派争抢的科学家,都有一个独立且神秘的实验室,似乎只有那里才会有至高无上、无比先进的技术。艺术来源于现实。以前,企业流行的是封闭式创新，在研发期间召集大量科学家，对外高度保密，研发成功后马上申请专利构建专利壁垒，从而在市场上巩固竞争优势，独享创新成果带来的收益。科学家在实验室里也是如此，不同的科学家围绕同一个顶尖领域的问题进行攻关，大家都要争抢先机拔得头筹。

其中隐含着很多我们固有的想法：要聘请最优秀、最聪明的人；第一个推出最顶尖创新产品的公司才能赢得市场；往研发中砸钱最多、研发走在前列的公司，才能得到顾客的认可并引领市场；必须严格保守商业秘密，保护知识产权，否则一旦技术被窃取就会失去竞争优势。

封闭式创新需要持续不断投入大量成本进行研发创新，而这种研发创新有可能陷入"闭门造车"的困境中，创新成果有可能不符合市场需求，或者面对外部市场上更廉价的创新产品、顾客需求的转变等难以控制的风险。

在真实世界里，特别是当代，开放式创新才更接近实际情况。企业并不需要让所有的聪明人都为自己工作，而是可以让企业内部、外部的所有聪明人通力合作；企业未必需要自己搞研发，完全可以在内部研发中运用外部研发成果；建立一个更好的商业模式比推出一个科技创新水平"更高"的产品更能得到认可；企业的专利完全可以开放，而不是"藏着掖着"，这样可以共同推动市场做大做强。

科技公司非常需要开放式创新

开放式创新要从企业外部创新，实现企业与用户融合。比如小米社区，米粉成为小米公司成功的关键。小米公司从一开始就重视粉丝社群的建设，通过粉丝形成口碑、黏性，从铁粉的意见中不断改进 MIUI 系统。

开放式创新在企业内部的组织管理体系也实现变革，打破组织内部部门间的壁垒，建立和外部合作伙伴的有效沟通机制，让利益相关方参与到创新的过程中来，还可以通过风险投资支持那些有发展前景的小创业公司，让其成为自己可以利用的创新力量。小米公司在这方面依然做得很出色。小米产业链上的中小企业既能得到小米在资金、技术、品牌商方面的支持，同时在成长起来后也拓宽了小米公司的影响边界和品牌边界。小米既能生产手机，也能生产广受消费者喜爱的插座、空气净化器等，这些产品进一步稳固了小米良好的品牌形象。

想想看，高科技企业最重要的资产是什么？是科技，是知识产权，因此在封闭式创新中，高度重视和保护知识产权，也是为了激励科技创新。而在开放式创新中，知识产权是共享的，共享知识产权的目的是提升创新效率，扩大市场规模。开放式创新通过共享知识产权鼓励创新，提升效率，降低成本，创造更大的价值。

以前，特别是传统产业中，技术创新基本上是研发部门的事情。今天，高科技企业的创新，正在通过市场竞争者、上下游供应商和客户来共同实现。客户从单纯的消费者转变为企业创新的合作者，既有利于企业了解市场需求、明确方向，也有利于增强客户对产品的拥有感和认同感。供应商通过参与企业的开放式创新，可以及时了解企业需求和未来发展创新方向，有针对性地研发和提供适合企业需要的产品，甚至还能帮助企业研发。

科技创新很烧钱，而且研发出来还面临巨大的风险，所以可以抱团取暖。比如成立行业协会，共同协作推动创新。半导体企业就建立了固态技术协会（JEDEC）这一开放式创新组织，拥有300多个成员单位，半导体领域销售居前的领袖企业都是其成员。JEDEC将半导体电子元器件创新成果广泛分享使用，比如DDR SRAM标准、TO-3、TO-5。JEDEC允许所有感兴趣的企业免费采用创新以适应高科技电子产业的发展和优势。[1]

开放式创新通过开放，打破了封闭系统的束缚，实现能量、信息、物质的交换，这本身就是耗散结构在创新组织中的体现。耗散结构作为一个物理学的概念用在社会学、管理学上，启发人们对创新实践有了更深的认识。

---

[1] 沈斌. 高科技企业更适合开放式创新 [J]. 中国外资，2022（6）：29-31.

马斯克为何开放专利？

谷歌公司从一开始就将其手机操作系统 Android（安卓）开源，无独有偶，大名鼎鼎的特斯拉公司在 2014 年免费公开了所有专利。只是当时，特斯拉还没成长为电动汽车行业的巨头，新能源汽车还远没有现在这么火。

马斯克认为，特斯拉的首要目标是加速世界向可持续能源的转变，如果自己搞了很多专利，让其他电动汽车公司望而却步，这么做与使命相违背，"如果我们的目标是创造令人惊艳的电动车，但却依靠知识产权来抑制后人，那我们的行为就是与我们的初衷相背离的"，因此特斯拉免费开放全部专利。马斯克认为真正保护知识产权的方法是足够快速地进行创新，如果创新速度足够快，就不用担心保护知识产权的问题。

开放专利，对新能源汽车产业的科技创新大有裨益，对特斯拉公司本身也有利。开放专利就是开放合作，让更多的汽车企业能投身新能源汽车市场，共同把市场做大，壮大自己同时也能提高知名度，这就能吸引更多的人才到这个行业，到特斯拉公司工作。况且，所谓的公开专利也是有"苛刻"条件的，一个车企要使用特斯拉的专利，就要在一定程度上放弃自己在商标、商业秘密上的权利。

"Location.Location?Location!"——区域集群

房地产强调区位和地段，好的区位房价就会高。其实在好的区位，创新产出也会更多。你应该早就发现了世界上最著名的大学、公司，好像都集聚在很小的区域。斯坦福大学和硅谷，北大、清华和中关村，剑桥大学和剑桥科技园，一片不大的土地上能产生改变人类和历史走向的众多成果。人才、资金、机构等资源的高密度集聚，对创新大有裨益，这个观点在全书都会有体现，也得到理论和实践的长期验证。

创新需要集中

毫无疑问，产业集群对于产业发展和科技创新是有利的，这样的观点在100多年前就已出现。1890年，集群创新研究的最初萌芽出现在英国，大名鼎鼎的阿尔弗雷德·马歇尔在《经济学原理》一书中开始研究经济活动聚集的地区。他认为产业空间集聚的原因为劳动力市场共享、中间产品投入和技术外溢，主要动因是外部经济和规模经济，简单来说就是同一产业的企业聚集在一个空间，有利于企业所需生产要素的聚集，平均生产成本会降低，生产也更有效率，同时也有利于新思想、新技术等信息的传播，这能帮助人们在互惠互信的基础上建立产学研联盟，更有效地促进技术创新。马歇尔被视为开创经济学专业最厉害的经济学家之一，把经济学从仅仅是人文科学和历史学科的一门必修课发展为一门独立的学科，使其具有与物理学相似的科学性，剑桥大学在他的影响下建立了世界上第一个经济学系,他也是最早洞察和总结产业集群重要性的学者。

恰好过了100年,20世纪90年代,有两位后来名声大噪的学者同样关注到了产业集群,并发表了重要的论述。一位是迈克尔·波特,哈佛商学院校级教授(即University Professor,是哈佛大学的最高荣誉,迈克尔·波特是该校历史上第四位获得此项殊荣的人),可以说全球商学院学生几乎都不得不学习他的理论,这位学术大家在《国家竞争优势》(刊于《哈佛商业评论》1990年第2期)以及他之后的学术研究中,提出由于地理上的集中,需求条件、要素条件、相关产业、企业战略结构与竞争四种因素产生相互作用,促进了企业技术创新和产业升级(感兴趣的读者可以深入研究波特钻石模型理论,这是具有传奇色彩的波特教授最重要的研究成果)。

另一位是后来获得诺贝尔经济学奖、声名卓著的保罗·克鲁格曼。他在1991年发表的《收益递增与经济地理》(刊于《政治经济学期刊》1991年第3期)以及后来的研究成果中提出,集群内部存在知识溢出效应,集群内的企业可以比较便利地获取技术创新所需的知识和信息,这在很大程度上提高了企业进行技术创新的速度,有效增强了整个集群的技术创新能力。简而言之,集群对创新活动具有明显的促进作用。

后来关于集群的研究越来越受关注,成果越来越多,但这三位大师的研究属于必读的经典,从中我们可以看出集聚在一个区域开展创新的重要性和有效性,他们的观点在实践中不断得到验证,也充分证明了思想的力量。

1+1+1＞3:不同主体集聚创新

区域创新系统的概念,最早由英国加的夫大学(Cardiff University)库克(Cooke)教授于1992年提出。他认为区域创新系统主要是由一些地理位置邻近并且具有一定关联的企业、研究机构和教育机构等不同的主体所构成的一个区域性组织体系,并从区域层面出发,借助地理经济学、社会学与系统学理论,将区域中的文化、组织、环境等要素与熊彼特的创新理论有机结合起来,构建分析区域创新的理论框架。后来的学者对区域创新开展了不断深入的研究,上文提到的开放式创新就是研究成果之一。

在当代,从全球范围看,区域创新系统关键就在于我们前面提到的三个主体在发挥作用——政府、大学和科研机构、企业。通过政府搭建平台,大力推进集群环境下的产学研协同创新活动,补齐集群产业链和创新链上的短板,为大学、研究机构和企业提供良好的产学研生态环境,从而能提升技术研发及产业化集成能力。区域创新系统是一个完整、开放、高效的生态,并不是把不同主体强硬地放在一起,他们就能自发地发挥作用,而是要在平台设计、制度架构上帮助他们协作创新、降低成本、提高效率,从而激发出各自更大的创新潜力。

第三章　机制探索：主体与动力

集聚创新不是简单的要素堆叠

人们往往看到的是美国旧金山湾区硅谷、波士顿海港创新区等成功的集群创新案例，我们在本书中也谈到不少成功案例，但其实失败的案例也有不少借鉴意义。比如，为努力建立国家级生物技术集群，马来西亚于2003年宣布创建一个科学园（生物谷），由政府自上而下来管理这个项目，但该科学园是一个失败的案例。科学园由政府提议建立，建设资金也由政府提供，但私营企业还没有做好准备。此外，马来西亚缺乏相关科学家，且地理位置使其难以吸引技术资源，企业又缺乏启动科学和生物技术集群的商业能力，经济体内部对于这样一个集群可能产生的产品和服务都没有强烈的需求，各种关键要素的缺乏最终导致科学园没有达到预期目标。[①] 因此，政府不能一厢情愿地推动区域创新，最好的方式是经济主体自身有集聚起来推动创新的意愿和动力，政府"顺水推舟"搭台，内生动力和外部推力共同结合方能推动区域创新取得良好成效。

更为典型的案例是日本筑波科技城。始建于1963年的筑波科技城在当时被寄予厚望，称为日本的"头脑城"，从选址到推进，都是由日本中央政府直接介入推动。筑波科技城在一开始定位就出了问题，相比于硅谷属于高技术产业园区，筑波科技城定

[①] 美国布鲁金斯学会报告《集群与创新区：来自美国的经验教训》（Clusters and Innovation Districts: Lessons from the United States Experience）。

位为研究园区。产业园区和研究园区,看上去好像都重视研究,但是在成果转化上差异甚大。在硅谷,最活跃的主体是企业,大学、研究机构、风险投资机构乃至政府等,都直接或间接地服务于高科技企业。而筑波科技城定位为研究园区,创新的主体是研究机构,缺少对创业企业的吸引力,这使得筑波科技城缺乏明显的创业导向、产品导向,成果转化、市场服务等方面的机制也不健全,仅重视科研成果而不够重视市场产出。

在筑波,政府是投资主体,作为投资代理人的政府官员没有激励机制去了解市场、了解技术,在实际研究中不追求成果产业化和商业化,导致跟市场需求脱轨,产品市场竞争力严重不足。在成果转化、利润分享机制上存在严重不足,研究成果最终的商业转化价值跟研发人员收入关系不大,这就难以激励研究者重视市场端的需求。因此,即使筑波出过诺贝尔奖获得者、发表过多篇优秀论文,可与硅谷相比,创新产业发展进程缓慢。同时,周边住房等配套设施相对落后,同样影响科技城对优秀人才的吸引力。

直到2018年,整个筑波市的GDP也仅约合800亿元人民币,这还是在国家未完全停止补贴投入的基础上产生的,而美国硅谷地区GDP早在2000年就突破了3000亿美元。而根据2019年《筑波市民意识调查》,筑波市民在生活中感受不到"科学之城"元素的比例接近一半。关于筑波科技城发展欠佳的原因分析有很多研究成果，总的来说，政府过度和不科学地干预，整体规划不到位，产业化、市场化不足，是其中的关键原因。

丹麦欧登塞——童话小镇的机器人故事

丹麦的欧登塞市是童话大师安徒生的故乡。曾经静谧的童话小镇如今成为"欧洲机器人谷"。只有不到18万人口的欧登塞，拥有世界上最领先的机器人产业集群，聚集着120多家机器人公司。

欧登塞曾经是丹麦最大的造船基地，后来造船业因来自亚洲同行的激烈竞争而衰落，但打下了坚实的制造业基础。当地政府与风险投资公司以及相关专家通过探讨认为机器人技术发展潜力巨大，可依托欧登塞原有的制造业基础设施、技术能力和专业知识，在机器人产业上大干一场。

欧登塞市于2015年启动机器人加速器计划，在早期阶段为企业提供资金和服务，缩短从产品原型设计到后续融资和商业化的路径；出台人才保障计划，确保经过培训和参加过大学研究项目的技术人员可以受雇于特定机构，有效解决了当地工程师和程序员短缺的问题。同时，欧登塞注重机器人集群产业链的齐全完备，应用领域涵盖从通用的移动服务机器人到拣货机器人等特定用途的利基机器人，推动集群内的各家企业密切协作、互为补充、相互促进，共同助力产业发展，构建出完整的机器人产业创新链条。

丹麦技术学院的欧登塞机器人创业中心是欧洲最好的机器人孵化加速器之一。该中心通过为初创企业提供快速通道方案，创建从原型设计到融资和商业化的最短路径，让它们快速地成长。该中心与其他许多孵化加速器不同的一点在于，初创企业无须支付会员费或获得所有权益就能获得该中心提供的服务。①

未来，欧登塞将用机器人讲述新的童话故事。

---

① 资料来源：李欣.欧洲区域创新生态系统成功案例：丹麦欧登塞机器人产业集群[J].全球科技经济瞭望.2022，7（37）：48-50；丹麦投资促进局微信公众号。

本章小结

创新是一个系统工程，需要各方主体的协同高效配合才能完成。本章对支撑科技创新的主体进行了梳理概括，对让创新发生的动力机制进行了一定的探析。从主体上看，创新主体分为高校和科研院所、企业两大类。可以看到，创新的来源并不如我们想象的那样，一个人或者一群人有一个创新想法或者有一个新发现，就可以将其转化成科技创新成果和社会生产力。支持创新的组织也不是如我们想象中的由一群科技狂人组成，这些组织中的大部分人都是普通人而不是大科学家。与其相信个人，不如相信组织的力量。在分工高度精细、协同化程度越来越高的当下，单独的个人在科技创新中很难发挥巨大作用，唯有依靠组织、系统才能实现大变革。有的创新是为了满足社会需求，有的创新是在学术前沿探索中偶得天成，有的创新是企业为了盈利而倒逼发现，有的创新是早已在实验室发生但是通过孵化机构和企业才得以面世。创新的产生有其规律，只有按照规律来，发挥组织的力量，激发人的活力，提高沟通效率，减少交易成本，凝聚各方力量，才能全面推动科技创新迈向更高水平。

科技为人类服务，也要靠人类来推动。每一次伟大的科技进步，很像是人类从天宫盗来了火种，一旦到来，就能照亮人类的未来。

第四章

转化

怎么看，
怎么办

党的二十大明确要求，加强企业主导的产学研深度融合，强化目标导向，提高科技成果转化和产业化水平。当前，逆全球化思潮持续涌动，疫情冲击、俄乌冲突等不确定因素冲击着全球局势，科技成果流动严重受阻。了解世界各国推动科技成果转化的制度体系、机构设置、资金来源，借鉴其好做法、好经验，对进一步打通我国科技成果转化全链条，完善科技创新体系，激发经济内生动力，实现高质量发展具有重要和深远意义。

打破枷锁

纵观主要发达国家的发展历程，建设科技创新强国，不仅要有技术创新作为支撑，更要有完善的机制对科技成果进行孵化和管理，确保实验室的输出能够转化为实际生产力。各个国家国情不同，在学习借鉴世界先进经验时，要立足我国国情，博采众长，为我所用，在科技成果产权归属、转化环境、要素流动等方面寻求突破，探索形成具有中国特色的科技成果转化制度。

从新制度经济学说起

在新制度经济学家看来，有效率的经济组织是经济增长的关键，而有效率的组织需要在制度上做出安排并确立所有权，以便形成有效的激励机制。新制度经济学家诺斯和托马斯在他们合著的《西方世界的兴起》一书中分析近代西方世界兴起的原因时得出这样的结论：有效率的经济组织是经济增长的关键，一个有效率的经济组织在西欧的发展正是西方兴起的原因所在；有效率的经济组织需要在制度上做出安排和确立所有权以便造成一种刺激，将个人的经济努力变成私人收益率接近社会收益率的活动。私人收益率是指个人或单个经济单位从事一种活动所获得的净收入量。社会收益率是指社会从这一活动中所获得的总收入量（正的或负的），等于私人收益与这一活动给社会上其他人所带来的净收益之和。使私人收益率接近社会收益率，就是使经济单位（个人或企业）为一种经济活动所花费的成本与其从这种活动中所获得的收益对应起来，减少经济活动的外部性，防止收益或成本外溢给他人，防止他人"搭便车"。要保证私人收益率接近社会收益率，就要在制度上确立个人劳动产品的专有权，并为这种专有权提供有效的法律保护，只有这样才会提高个人对他的劳动产品的预期收益率，从而为个人从事经济活动和发明创造提供正向激励，个人才有动力努力工作，积极进行创造发明，经济增长于是就获得了持续不断的源泉和动力。

回到本章的主题，在现实的科技成果转化过程中，却往往呈现个人收益率远低于社会收益率的现象。特别是高校研发的一些行业产业的共性技术，在成果转化过程中虽然面向个别企业，但由于该技术可能应用于整个行业产业，不可避免的外溢效应可能对企业技术创新收益的独占性以及这种独占性的持续性形成挑战，导致企业收益被削弱，预期的个人收益率远低于社会收益率。其结果就是，企业或者机构除非迫不得已，不愿意为吸纳新的科技成果承担费用，以避免科技成果转化过程中带来的风险，总是希望在其他企业进行创新之后"搭便车"（比如山寨产品的出现）。

这一方面造成了整个行业产业科技创新的滞后，另一方面也因为科技创新成果无偿地被他人使用，侵蚀了创新者的利益，严重影响了包括高校教师在内的科技成果拥有方的积极性。这就需要政府进行一系列的制度安排，补救"市场失灵"造成的后果，使研究者（教师、高校、企业等）收益率接近社会收益率，从而才能持续激发其进行科技创新和科技成果转化的热情。

本章我们就着重分析各国推动科技成果转化的例子，来发掘科技成果转化的内在逻辑。

《拜杜法案》的诞生

科技成果转化面临的首要问题就是科技成果的权利归属问题。在过去很长一段时间内，美国政府资助的研究所获得的知识产权归政府所有。由于政府天然的公共和公益属性，其拥有的知识产权在理论上所有人都有权使用，这极大地降低了商业公司的转化意愿，因为商业公司一旦使用这些知识产权开发出新产品，就无法阻止其他竞争者搭便车开发类似产品。转折点出现在1978年，当时普渡大学希望与负责政府专利使用的办公室签订协议，将一项医疗器械技术商业化，但发现该办公室停止了专利授权服务。普渡大学找到了民主党议员伯奇·拜（Birch Bayh），伯奇·拜联合共和党议员罗伯特·杜尔（Robert Dole）一起发起《拜杜法案》（Bayh-Dole Act of 1980），该法案于1980年在国会获得通过。

该法案规定：将在政府资助的研究中所获得的知识产权交给大学，从而使大学能够申请专利和进行市场推广，大学必须与发明者共享收益。

1980年以前，美国联邦政府向企业和生产部门授权的专利数量不足5%，高等院校每年被授予的专利从未超过250项，科技成果转化率极低，大量的科研成果被闲置浪费。1980年《拜杜法案》的通过实现了专利的所有权和商业开发权的分离，推动美国科技创新产生了质的飞跃。1979—2003年，全美大学每年新的专利许可量从264件上升到3450件。1991年至2000年间，大学专利申请量增加了238%，大学与企业许可协议增长了161%，许可总量达到了2.6万件，其中70%的专利权转让给了初创企业和小公司，全美大学的专利使用费收入增加了520%。[1]有鉴于此，李克强曾谈道："美国搞过一个《拜杜法案》，这对美国的创新发展起到了很大的撬动作用。像这样的国际经验还要好好研究。"[2]一向苛刻的《经济学人》(The Economist)杂志2002年评论道："《拜杜法案》用纳税人的钱把美国各地实验室的所有发明与发现都释放了出来。"经济合作与发展组织（OECD）推荐其成员国把"拜杜模式"作为制定和修改本身科技法律规则

---

[1] 何炼红，陈吉灿. 中国版"拜杜法案"的失灵与高校知识产权转化的出路[J]. 知识产权，2013（3）：84-88.

[2] https://www.gov.cn/xinwen/2016-02/18/content_5043447.htm。——编者注

的重要参考。截至 2019 年，至少有中国、德国、意大利、法国、日本等 15 个国家借鉴和移植了类似《拜杜法案》的制度。①

相比于《拜杜法案》要求确保受美国联邦政府资助的大学研发人员保留研发成果所有权，同年推出的《史蒂文森法案》（Stevenson-Wydler Technology Innovation Act of 1980）也非常重要，后者要求国立科研机构与企业签订合作协议后，将合作成果转让或授权给企业。比如，签订合作协议后，联邦政府实验室要推动将联邦政府拥有的发明和技术转让给私营部门，各联邦政府实验室要将其研究开发预算按一定比例用于转让活动，并要成立研究和技术应用办公室促进这种转让。

仅仅打破科研成果在政府、科研机构和高校、企业之间的流动壁垒还不够，科技成果转化从"夯基垒台"到"积厚成势"需要逐步发展。

在《拜杜法案》和《史蒂文森法案》发布之后，美国联邦政府对科技成果转化的相关制度做了进一步完善。1986 年，《联邦政府技术转让法》（Federal Technology Act of 1986）出台，认可联邦政府实验室和其他实体，包括州政府机构之间的合作研究开发协议。1988 年，《综合贸易竞争法》（Omnibus Tradeand Competitiveness Act of 1988）推出，把加强科技成果推广转化作

---

① 肖尤丹.科技成果转化逻辑下被误解的《拜杜法》[J].中国科学院院刊，2019（8）：874-885.

为提高企业竞争力的一项主要措施,并在商务部国家标准与技术研究院建立和执行了几个新计划(例如制造技术中心计划),帮助中小制造商提高竞争力。1989年,美国推出《国家竞争性技术转让法》(National Competitiveness Technology Transfer Act of 1989),允许政府拥有、承包者经营的实验室参加合作研究与开发协议,加强联邦政府及研究机构对推广转化的责任,去除制约推广科技成果转化的不合理障碍,通过加速联邦资助技术成果的推广转化,提高美国经济的国际竞争力。

同样的事情也发生在大洋彼岸的日本。在《拜杜法案》颁布的18年后,为了解决环境污染、社会福祉低、灾害频发等问题,日本政府模仿美国的做法,在1998年出台了《大学技术转让促进法》。该法的核心内容是推进科技成果转让中介机构TLO(Technology Licensing Office)的设立,同时明确政府从制度与资金方面对大学科技成果转化工作机构予以支持。后续为配合《大学技术转让促进法》,日本还陆续出台了《产业活力再生特别措施法》《中小企业技术革新制度》《强化产业技术能力法》等法律法规,形成了一套相对完善的成果转化法制体系。

表 4-1　日本科技成果转化中的主要法律法规

年份	法律法规	主要内容
1995 年	《科学技术基本法》	强调科学技术的振兴必须促进国立实验机构、大学、民间机构等充满活力的相互合作；研发机构和科研人员之间的相互交流是引发新的研究开发的源泉；通过五年一期的《科学技术基本计划》制定产学研合作政策
1996 年	《科学技术振兴事业机构法》	成立科学技术振兴机构，促进科技成果转化
1998 年	《大学技术转让促进法》	推进科技成果转让中介机构的设立，同时确立政府从制度与资金方面对大学科技成果转化工作机构予以支持
	修改《研究交流促进法》	鼓励政府研究机构、高校和企业间的科技人员流动和成果转化；提升高校、企业、科研机构等部门间试验研究设施的公用程度

科研成果的信息共享

当前，科技成果从研发到转化，越来越超出主权国家的边界。这不仅有赖于全球市场的形成，消费者可以在自己的国家享受世界上其他国家的科技转化成果，而且因为现代科学技术的研究和转化越来越复杂，投入的成本和所需的人力、物力、财力可能需要多个国家通力合作，人类基因组测序就是全世界生物学家通力合作的典型案例。

人类基因组计划（Human Genome Project，HGP）由美国科

学家于 1985 年率先提出，于 1990 年正式启动。美国、英国、法国、德国、日本和中国科学家共同参与了这一价值达 30 亿美元的计划，旨在为由 30 多亿个碱基对构成的人类基因组精确测序。2000 年 6 月 26 日，六国科学家共同宣布，人类基因组草图的绘制工作已经完成，95% 的常染色质区域被测序，每个 Gap 小于 150kb。2006 年 5 月 18 日，美国和英国科学家在《自然》杂志网络版上发表了人类最后一个染色体——1 号染色体的基因测序，解读人体基因密码的"生命之书"宣告完成。1999 年 7 月 7 日，中国科学院遗传所人类基因组研究中心注册参与国际人类基因组计划；同年 9 月，国际协作组接受了申请，并为中国划定了所承担的工作区域——位于人类第 3 号染色体短臂上。中国高质量完成了人类基因组计划中所承担的测序任务，表明中国在基因组学研究领域已达到国际先进水平。

说到科研要素的跨境流动，就不得不提欧盟。欧盟作为一个政治、经济共同体，成立目的是"通过建立无内部边界的空间，加强经济和社会的协调发展，并最终建立实行统一货币的经济货币联盟，促进成员国经济和社会的均衡发展"，因此科技资源共享自然成为欧盟创新体系的重要政策方向。

欧盟的成果转化制度体系建设是欧盟政治经济一体化建设中的重要内容，并取得了巨大成效。作为一个超国家联盟，欧盟既有德国这样科技强大、工业享誉全球的高度发达国家，也有立陶宛这样专注于食品和木材等初级产品加工的发展中国家；既有法国这样历史悠久、享有极高国际地位的泱泱大国，也有安道尔这样默默无闻，偏居在比利牛斯山区中的蕞尔小国。多样化的元素经过纷繁复杂的沉淀，最终缔造了今日的欧盟。这使得欧盟身上集中了很多相互矛盾的特征，各成员国之间的经济社会发展水平差异也很大，成果转化制度体系的发展程度千差万别。

为此，欧盟制订了一系列促进成果转化的计划与政策，包括推动整个地区研究、教育、培训和创新等方面的要素和资源自由流动的一系列欧盟发展战略——欧盟的框架计划及其包含的研究和技术发展框架方案（Framework Programmes for Research and Technological Development，简称 FP）、汇集各成员国科学资源的科学研究计划系统——欧洲研究区（The European Research Area，简称 ERA）。在 ERA 的推动下，科研人员流动性增强，欧盟成员国研究机构在医疗、环境、工业和社会经济等众多研究领域的合作进一步加深，整合后更具包容性的欧洲研究机构极大地提升了竞争力。

欧盟还加强了科研要素流动方面的法律体系建设，涵盖信息共享、合作研究、人才流动、知识产权保护等诸多领域。例如：在知识产权保护方面，有《欧洲专利公约》《欧洲专利局审查指南》；在专利许可协议方面，有《罗马条约》《伦敦协议》《欧洲专利诉讼协议》；在打击侵犯知识产权方面，有《海关关于涉嫌侵犯知识产权货物起诉和查处的权力》；在推动欧洲研究基础设施利用方面，有《欧洲研究基础设施联盟共同法律框架》；在保护新建欧洲创新与技术研究所方面，有《关于建立欧洲创新与技术研究所的规定》；在推动成果转化和人才自由流动方面，有《关于欧洲公共研究中心和产业间知识转移的传播和与之相关的良好实践准则》；在促进公立研究机构和私人部门之间知识产权协议的管理方面，有《欧盟委员会关于大学和其他公立研究机构的知识转移活动的管理和实践准则的推荐》。

在太平洋西岸的日本，传统的垂直分隔结构在该国各部门中具有主导作用，通过长期聘用的方式获得和培育优秀的人力资源已成为定式。因此，当一名研究人员流动至另一所机构时，不仅薪资方面通常对研究人员不利，还妨碍了支持研究的非研究型人力资源的恰当配置。消除这种结构上的负面因素并改善研究环境，需要通过跨越界限的团结协作才能实现。因此，"跨省战略创新促进计划"（SIP）（日本的"省"相当于中国的"部"，类似于我国的部际协调机制）作为一项重要举措得到推广，构建了一种跨越省、机构与领域的共创环境。为增强研究人员流动性，SIP通过在大学与研发法人之间推广引入年薪制，明确缴纳健康保险、养老金与退休福利的举措来实施交叉任职机制，允许研究人员同时在不同的大学或同时在大学和其他研究机构工作，并保留他们在大学与机构中的职位。而日本的另一创新机构——产综研则从发掘技术萌芽以及为实践研究培育人力资源的角度，在内部采纳并推广了双向任职机制，以此来加强与大学的合作，为兼任大学教师与产综研研究人员职位并为以产综研为主要研究基地的杰出研究人员制定了量化目标，以此来激发人才活力，最大限度发挥人才作用。

同时，还有一个国家也是科研要素流动的代表性国家，那就是以色列。提起以色列，我们通常想到的是什么？连绵不断的沙漠、狭小的国土面积、贫瘠的矿产资源和持续不断的战火。但就是这样，一个弹丸之地的小国，仅用几十年时间就成为发达国家，而且是中东唯一的发达国家，2021年人均GDP高达4.9万美元。不仅如此，以色列在农业、物理学、医学、计算机等方面都处于世界领先地位。截至2022年，以色列价值10亿美元以上的"独角兽"公司数量超过40家，高科技出口首次超过出口总额的50%，包括私营部门在内的研发总投资额超过国内生产总值的5%。以色列高科技领域的初创公司数量超过6000家，居世界首位。

以色列是全球重要的研发中心，也被称为"中东硅谷"。以色列大量的研发投入和居于世界前列的人均研发投入，主要归功于跨国公司在以色列设立的研发中心，这类中心目前超过350个。按现行价格计算，早在2017年，以色列在商业领域的研发支出就高达498亿新谢克尔（约合138亿美元），占全国研发支出的

86%，其余部分则由高等院校、政府部门和私人非营利性机构承担。

20世纪90年代以来，有100万移民从以前的苏联加盟共和国迁居以色列，其中有不少科学家、工程师和技术人员，50%拥有大学文凭。此外，以色列还与不少国家签署了自由贸易协定和科技方面的国际合作协议，在美国、加拿大、英国、韩国和新加坡等五个国家设有研发基金，签有双边协定的国家有法国、德国、荷兰、西班牙、意大利、瑞典、芬兰、葡萄牙、比利时、爱尔兰、中国和印度，还参与了欧盟的第六框架研究与开发计划。

成果转化的顶层设计

开设专门机构加强管理

世界各国的科研机构体系构成大同小异,基本上都以政府科研机构、产业界的研发部门和高等院校三大科研子系统为主,但由于各国历史与具体国情不同,科研体制的具体组织机构也有所不同,科技成果的管理方式也不同。

美国有专门的政府机构负责科技成果管理,主要是商务部及其下属的科技管理机构。商务部本身有一个强大的科技工作班子,由部长、常务副部长、负责技术的副部长、负责海洋大气事务的副部长、负责通信与信息事务的助理部长、负责专利和商标事务的助理部长以及国家标准技术研究院院长组成。商务部下属的各个部门,如美国专利及商标局(USPTO)、美国国家标准和技术研究院(NIST)、美国国家技术信息服务局(NTIS)以及美国国家电信与信息管理局(NTIA),都在促进产业技术创新和成果产业化过程中扮演极为重要的角色。

作为超国家联盟,欧盟的成果转化体系与单一主权国家相比具有诸多的独特之处。欧盟的成果转化管理机构同时兼具了国家和政府间合作组织的特点。具体而言，欧盟的成果转化管理机构包括三种类型。

第一类是官方机构。欧洲议会是欧盟法律制定、行政监督和预算审核的机构，在成果转化方面，负责制定、修订欧盟的成果转化相关法律，并负责监督欧盟委员会相关成果转化部门的设立、变更、职能调整等工作。除欧洲议会外，欧盟理事会是成果转化政策的最终决策机构，主要职能是签署欧盟法律、协议、预算等，推动欧盟内外部的成果转化。但是，最终实施成果转化政策的执行还是要靠欧盟委员会及其下属的多个相关部门，例如，研究与创新部（RTD）是负责在整体上推动成果转化的核心机构，欧洲航天局（ESA）、竞争力与创新执行局（EACI）等分别负责所在领域的成果转化工作。除了欧盟层面所制定的法律、政策和研究机构，各成员国还要根据自身情况制定本国具体的法律法规，配合欧盟层面的专门机构。

第二类是专门研究机构。欧盟设立了很多专门的研究机构，这些研究机构有些具有成果转化职能，有些则是服务于本机构的技术成果转移部门。例如，联合研究中心（JRC）下属的7个研究所都具有成果转化职能；又如，欧洲创新与技术研究院（EIT）负责对产学研协同创新提供资金支持，并致力于科技成果的转化。

第三类是科研中介机构。欧盟在技术转移方面尤为重视发挥中介机构的作用,并通过这些机构来推动技术转移。欧盟的科研中介机构很多,主要包括技术转移和技术研发的信息服务中介、技术创新扶持中介、技术交流与共享中介和其他社会组织。以信息服务中介为例,其主要依托隶属于欧盟框架计划的共享研发信息服务机构(CORDIS),负责提供框架计划的各种信息,并为个人和机构申请项目提供服务支持,如欧洲技术平台(ETPs)、欧洲信息与创新中心(EEN)等。技术创新扶持中介,如欧洲投资基金(EIF),以投资形式资助中小企业的创新。技术交流与共享中介,如欧洲培训基金(ETF),则是通过为企业和科技人才提供培训来推动技术的传播。至于社会组织,是政府层面的中介机构。欧洲有许多致力于推动技术转移工作的跨国、跨区域组织,如欧洲知识和技术转移中心、欧洲许可执行协会等。

在日本,理化学研究所作为目前最好的侧重基础研究的研究所和世界基础研究领域最好的研究所之一,其经费全部由政府拨付,2021年约为8.62亿美元,其中科研经费占了较大份额,专利转让和许可费收入非常少。因此,作为对社会的回报,一些研究成果(如软件)需要在网上公开,供全社会免费使用。

建设创新生态圈

2008年,法国政府和巴黎大区政府正式提出在巴黎以南20公里左右的萨克雷高地及其周边地区建设具有全球影响力的巴黎-萨克雷科技创新中心。从当年起，一批坐落于巴黎市区的高等院校，例如法国高等科技学院、巴黎高科农业学院等，纷纷外迁至巴黎-萨克雷科技创新中心所在地。2014年年末，巴黎-萨克雷大学正式成立，包括多所大学和多个研究中心，拥有数学、物理、农业、临床医学等世界领先的优势学科，提供完整多样的学士、硕士和博士学位课程，法国国家科研中心、巴黎高等商学院、法国国家航空航天研究院等19个机构都是巴黎-萨克雷大学的成员。该校还拥有275个与法国7个研究组织共享的实验室，占法国全部科研力量的13%。

巴黎-萨克雷科技创新中心于2014年成立了技术转移办公室，用于支持巴黎-萨克雷大学的创新技术和项目在创新中心内的各家公司实现共享。2014—2024年间，技术转移办公室拥有6600万欧元的资金预算，用于资助支持该地区研究工作的发展和技术向市场的转移。与此同时，办公室也拥有专业团队，为研究人员和企业提供专业咨询和指导。创新中心还配备了丰富多样的高水平研究基础设施，推出了"嵌入式实验室"服务，企业可以通过这项服务查询大学在特定领域的研究成果以及专业知识，了解该大学项目的进展，从而加强企业同学术研究机构之间的联系，促进共同创新与合作。

得益于法国政府和巴黎大区政府的有力措施和资金支持，以及学校同企业的良好互动，巴黎-萨克雷科技创新中心已经蜕变成为具有全球影响力和辐射力的创新高地。巴黎大区因此汇聚了大批优秀的科研人才，发展出优良的创新创业生态，成为世界500强企业全球第三大集聚地。学校、科研中心以及企业在巴黎-萨克雷科技创新中心形成了互相补充、循环驱动的关系，推动技术突破，促进科研成果的转化和应用，同时与市场需要相适应，实现了科技创新辐射整个区域，带动了当地的经济发展。

在距离法国巴黎大区不远的荷兰艾恩德霍芬，当地政府打造了智慧港工业园区，以开放式创新生态系统助推高科技制造产业发展。艾恩德霍芬智慧港位于荷兰东南部北布拉班特省，是荷兰第五大城市艾恩德霍芬与其周边约20个城镇共同组成的一片高科技产业聚集区域。智慧港面积约为1400平方公里，仅为北京的大约1/10，区域内人口约为75万，但却产出了全世界2%的专利申请。智慧港不仅是荷兰最重要的经济增长引擎之一，还是最重要的高科技产品研发和制造基地，被誉为"荷兰硅谷"。进驻该港的6000多家科技企业，既有许多创新型中小企业和初创公司，也有飞利浦、恩智浦等大型跨国公司，还包括阿斯麦、西门子等高科技设备供应商，涉及领域涵盖半导体、生命科学、人工智能、新能源和光电仪器等。有调查显示，得益于良好的开放式创新生态系统，艾恩德霍芬智慧港是荷兰高科技初创企业最青睐的地方，一家初创企业在这里一两年内取得的成绩，在传统的封闭式体系内也许需要10年或更久才能取得。而大型企业也是这种环境的受益者，例如阿斯麦生产的光刻机 80% 的零部件都外包给了其他公司。

号称"亚洲硅谷"的印度班加罗尔地区，也是著名的创新生态圈。自 20 世纪 80 年代开始，该地区在政府的引导下大力发展高新技术产业，特别是电子信息产业。政府长期的投入是班加罗尔高新技术企业研发资金的重要来源。印度政府承诺每年都把国内生产总值的 2% 用于支持科研创新，印度科技部门用于科研的资金增长速度也超过了国家的经济增长速度，国家电子部直属的班加罗尔软件园在政府投资上享受了优厚待遇，大大节省了下游企业的创新负担。

创新迫切需要高浓度、高密度、高能量的"场域"

周其仁教授在参加"美国创新考察团"行程后有个强烈感受，就是"高浓度、高密度"的聚集有利于创新。在硅谷，聚集了创业公司、投资机构、老师、学生、实验室等，在他们的共同作用下，产生了无数的科技创新成果。硅谷以斯坦福大学为中心，斯坦福大学的校友就是创新的巨大动力。美国东海岸的波士顿也出现类似的情况，大名鼎鼎的麻省理工学院、哈佛大学校友在波士顿创办了多家公司。从国内来看

> 也是如此,例如背靠北大、清华的中关村,坐拥多家科技公司的深圳南山区。要做到这些,不仅需要人才的聚集,关键是要发挥出人才的合力,要有产权的保护、创业生态系统的搭建和维护等,比如提供周到细致的创业服务、顺畅的创投渠道,高浓度、高密度的创新要素科学合理集聚后迸发出高能量,形成有利于创新的"场"。这个"场"往往只是一个很小的区域,但是能产生丰富的创新成果。

加强科技成果的信息共享

科技成果发明诞生后,首先面临的问题就是如何被人们所知,否则也会面临"酒香也怕巷子深"的窘境,由此,及时、准确、完整并广泛地共享科技成果信息就尤为重要。

美国科技成果的信息服务系统是非常完善、非常丰富的。由于美国具有对科技成果信息最大限度地传播和使用的需求,再加上国家财政的大力支持,经过 200 多年的建设已经形成了信息服务业的基本层次结构。这种层次结构并不是人为规划出来的,而是随着物质、经济和科学技术的发展逐步形成的。第一个层次是美国政府重点支持的信息服务机构,如美国国会图书馆、国家农业图书馆、国家医学图书馆、国家标准技术图书馆、国家技术信息服务中心、国家专利商标文献中心以及各部所属的专业信息中心。它们都是通过立法，由国家预算予以支持。第二个层次是州政府支持的信息服务机构。比如，每个州都有一个州图书馆以及一些信息中心、研究中心，它们都是由州政府预算支持。第三个层次是美国教育系统的信息服务机构，如美国高等院校图书馆、信息研究所、信息中心、战略研究所。这些信息服务机构主要从事信息分析工作，实行多元预算，不仅联邦政府或州政府给予一定的支持，而且学校、私人基金会或私人也会给予一些支持。第四个层次是公司企业所属的信息服务机构。在美国，企业的信息中心主要是保证它们的专业信息需求以及信息交流渠道畅通。它们的预算由所属的公司企业支持。第五个层次是独立经营的各种私人信息机构。这种信息机构寿命可长可短，优胜劣汰，非常活跃。

在以色列，政府新闻办公室设有新闻简报发送制度，每日会将相关新闻信息发送至外国记者邮箱。除政要和部委新闻摘要，简报中经常出现的还有各高校、科研机构和初创企业的科技新成果。许多成果虽然只是雏形、尚未进入成熟论证和应用阶段，但只要在国际一流学术杂志发表，以政府也会积极扩大宣传。与此同时，《耶路撒冷邮报》《以色列时报》《国土报》等以色列英文主流媒体还专设"科技板块"，时常发布科技新成果供英语读者浏览，提升本国科技创新"能见度"。通过将相关成果及时发布，以色列一方面为上下游和同类企业提供了借鉴和参考，加快了成果转化速度，另一方面也使这些成果能及时得到专业人士评估、监督甚至质疑，促进了高科技创新的良性发展。

再看评价机制

美国有着多元化的、健全的科技评估组织构架，立法、行政、高等院校和民间非营利科学组织从不同角度审视美国科技政策的影响和科技成果转化的绩效。

第一个层次是白宫决策机构，包括科技政策办公室、国家科技委员会（National Science and Technology Council，NSTC）和总统科技顾问委员会（President's Council of Advisors on Science & Technology，PCAST），主要考察国家科技发展战略和科技政策实施的效果及存在的问题。第二个层次是负责实施国家科技发展战略、执行联邦科技政策以及管理国立科研机构（或资助科研机构科研活动）的部门。第三个层次是科研机构自身的评估，各个国立科研机构或科学计划负责部门（负责人）按照政府绩效与结果法案的规定，每年向上级机构递交年度绩效报告。

在美国，国家科学院（National Academy of Science，NAS）、国家工程院（National Academy of Engineering，NAE）、医学研究院（Institute of Medicine，IOM）以及三者的常设机构——国家科学研究委员会（National Research Council，NRC）构成的

"三院一会"体系（National Academy Complex），是美国科学技术评估体系极其重要的组成部分。NRC往往只接受国会或联邦政府的委托，展开对重大科学研究项目的评估活动，其提供的科技评估报告对国会立法和联邦政府及其有关部门科技政策的制定起到了重要作用。美国科技成果的评估主要由成立综合评估小组、指定经验丰富的专人负责、认真分析要评估的内容和明确可行性、制订工作计划和调研提纲、广泛接触外部技术专家和风险分析家、起草修改评估报告并提交国会、举行听证会和发布审查等程序组成。

欧盟在成果转化方面有一个知识转移测度专家委员会，其评价指标分为两大类：第一类是评价"成果的商业化潜力"，包括发明披露、专利申请和许可量、产学研研发合作协议等指标；第二类是评价"成果的商业应用水平"，包括许可或转让收入、衍生企业等指标，这些也是衡量的核心指标。

日本考察科技成果转化的整体情况主要依据两大指标。一是工业产权使用费国际收支。工业产权使用费包括发明、实用新型、工业品外观设计等专利授权、实施等产生的费用，包括专利技术指导和咨询的费用。统计口径包括日本申请及使用的全部专利情况。企业和科研机构一方面通过对外转让专利获得一定收入，另一方面通过购买专利获得先进技术。和贸易统计类似，其国际收支的总额反映了日本全社会在科研成果转化和引进领域的活跃程度。日本近年来工业产权收入不断增加，2018年达到了历史最高峰——3.5万亿日元，反映了日本社会近些年对科技成果转化的重视和取得的成效。二是专利利用率。专利利用率是直接反映科研成果转化的指标，计算方法为专利使用件数与专利持有件数的比例。该指标数据是基于分层抽样调查统计而得的，类似于我国的知识产权交易率，也可以近似地认为是通常意义上的科技成果转化率。日本近年来专利利用率保持稳定水平，平均维持在50%左右，考虑到未转化部分有约30%为防御型专利，这一数值证明了日本科技成果转化总体保持较高水平。日本除了通过专利利用率等指标对整体科技成果转化情况进行评估，还针对不同专利持有主体，形成了不同的测度和评价方法。

国际视野：科技成果走向市场

为了应对科技革命和产业变革带来的挑战，当前世界主要经济体纷纷致力于加速科技成果转化，努力提高科技成果的转化率和使用效率。其中，比较著名的莫过于日本、以色列和美国。日本和美国的科技成果转化率都达到 80%，以色列的科技对 GDP 贡献率高达 90% 以上，在纳斯达克挂牌的高科技企业数量位居全球前列。这三个国家形成了发达国家推动科技成果转化的三种代表性模式。

日本模式——产业技术综合研究所

前文我们提到了日本的产综研，它其实是位于日本筑波的产业技术综合研究所（National Institute of Advanced Industrial Science and Technology，AIST）的简称。在日本大部制改革和独立法人化的推动下，其科研组织机构也进行相应的变革，形成了较为扁平的组织框架。产综研建有微电子、光电子等多个研发平台，设备为世界一流，并对外开放。产综研组织和策划日本产业高技术的研发，联合大学、研究所和公司进行竞争前高技术的研发,凝聚全国力量在基础研究和应用基础方面取得了非常好的效果。

很有开创性的一点就是,产综研推出了适应新世纪发展和应对竞争挑战的科研理念"本格研究"。这是一个很日系的词语,本格研究的英文原意是"full research",也可以说满格研究。即在竞争形势日益激烈的今天,产综研推动产品开发和产品化的进程向前端拓展、后端延伸,将基础研究融入技术集成和应用,消除研究与应用之间的隔阂,以便迅速占领技术高点,拓展新技术与新领域,提高行业在世界经济发展中的竞争力。

由于传统基础研究的产出多数为论文或专利等,距离应用或产品有一个难以逾越的"堡垒"(也可称为梦想期),多数创新思想和发明会停滞在"堡垒"前面。本格研究要将基础研究(包括自由探索)中发现的新知识,在有计划、有步骤地进行梳理和选择、集成与交叉后,应用到不同领域,缩短从梦想到现实的过渡周期。

为实现上述目标,产综研对其科研组织单元和运行模式进行了彻底的改革,构建了不同层次的研究单元,并以此推动人员的流动和重组,充分发挥科研的效益。目前产综研共有5个部门和16个研究中心。特别值得关注的是,产综研设有两种主要的研究单元:研究所(research institute)和研究中心(research center)。"研究所"是进行研究、培训研究人员的基本研究单元。

它进行目标导向的基础研究工作，用于"桥接"产综研和企业之间的转化研究，或者以一种集成的方式发挥"桥接"作用，比如关西的电化学能源研究所、筑波的生物医学研究所等。"研究中心"则是临时的研究单位。为响应产业和社会的需求，研究中心与企业开展合作，通过所需人员的流动将产综研的创新技术与商业化联系起来，比如福岛的可再生能源研究中心、筑波的催化化学跨学科研究中心等。

上文说的"桥接"是不能忽视的一环。产综研的首要任务就是在创新性的技术和产业之间建起桥梁、在产业科学和技术政策方面成为日本核心的国立研究机构。日本《科学技术创新综合战略》（2014版）提出，将"桥接"运营明确定位为产综研的核心任务。为更好地发挥"桥接"作用，产综研建立了技术转移和创业的创新中心（ICTES），用来对技术种子进行商业化培育。ICTES主要执行两个方面的功能：一是对现有的企业进行技术许可，二是利用有创新性的技术来创办新的企业。为了发展高潜力的高技术新创企业，ICTES推动了一个名为"商业发展专责小组"的初创项目，该项目形成了建立新企业的独特方法，即由一名研究人员和一名有经验的商业人员（初创企业顾问）共同创建新的企业。

日本产综研开发出利用太阳能高效发电和制造氢气的薄膜材料

2022年9月,《日经产业新闻》报道,日本产业技术综合研究所(简称产综研)与甲南大学的研究团队开发出了一种利用太阳能高效发电和制造氢气的薄膜材料,有望以低成本生产出轻便、柔软的高性能太阳能电池以及广受期待的新能源——氢气。研究团队将通过与企业合作推动这项技术的实用化。

研究团队此次开发的是由铜(Cu)、铟(In)、硒(Se)等元素构成的CIS太阳能电池用薄膜材料,并尝试使用宽间隙化合物中的一种——铜镓二硒($CuGaSe_2$),不再像过去那样在成膜后添加碱性金属,而是在成膜即将结束之前与镓和硒同时添加碱性金属。结果显示,由太阳光产生的空穴(又称电洞)在被作为电能取出之前被缺陷困住并湮灭的现象得到了抑制,并推动转换效率提高到11%,为目前铜镓二硒薄膜太阳能电池的世界最高水平,同时还改善了开路电压的性能指标。

接下来,研究团队使用相同的铜镓二硒薄膜,制造出用光能将水分解生成氢气的"光电极"。光电极是一种吸收光能产生载流子（电子和空穴）的电极，将其浸入水中后，能分解水产生氢气。当使用制作的光电极对水进行分解时，太阳光能以约为 8% 的效率转化为氢气，这与用转换效率 30%~40% 的太阳能电池发电并用该电力再对水进行电解具有同等效率，有望成为一种以低成本生产氢气的方法。此前，大多数使用铜镓二硒薄膜的光电极效率只有 1% 左右。

以色列模式——Yeda、Yissum 和磁石计划

科研机构和市场之间有着巨大的鸿沟，科研人员往往不懂市场，市场人员通常不知科研，要打通二者之间的隔膜，需要一批对市场需求、技术成果、市场潜力等非常熟悉的专业人才。

以色列科研机构的技术中介公司很有特色，如请专业的公司来进行专利的申请与维护等，减少了研究人员在这方面需要花费的精力，而专利授权使用又保证了研究机构和研究人员的收入。中介公司对研究机构的研究能力熟悉，便于研究人员与企业建立联系，从而获得合同型的研发资助。中介公司可根据产品和自身经营能力自行设立创新公司，从而更有效地推广产品。

以以色列高校为例，它们不仅是基础研究的主要力量，也从

事相当多的应用研究（占民用研究的 40% 以上）。以色列高校不仅是以色列在国内和国外主要的专利拥有者，而且其专利活动的规模远远超过国外一些大学。使用同样的研发经费，以色列的大学获得的专利数量是美国大学的 2 倍多，是加拿大大学的 9 倍。

这些大学几乎都有自身从事研究与开发的中介公司。这些公司尽管规模和专业特长不尽相同，但基本职能差不多，包括负责申请、拥有和转让大学的专利，发布专利许可使用，帮助发布商业研究的机会、寻找投资者和战略伙伴，代表研究人员就协作条件进行谈判等，有时这些公司还自行或与伙伴成立创新公司。大学通过这些公司从研究成果的收益中收取偿还金，一部分付给专利拥有人，一部分交给大学，其余的作为这些公司专利申请、维护和日常的费用。

著名的 Yeda 与 Yissum

1959 年，魏茨曼在魏茨曼科学院成立了第一家技术转让公司 Yeda，这是世界上第一所高等学校的技术转让公司，也是世界上最成功的技术转让公司之一。Yeda 拥有三项最赚钱的药物专利，每项专利均可获得超过 10 亿美元的收入，三种药物分别是以色列制药公司 Teva 生产的多发性硬化（MS）药物 Copaxone，瑞士公司 Serone 生产的 Rebif 和美国 ImClone Systems 生产的抗癌药爱必妥。Yeda 将专利收入的 40% 返还给研究人员，其余的很大一部分又投入研究与开发中去。目前，Yeda 有权使用科学院的 2000 多项专利。

Yissum 公司则是希伯来大学的技术中介公司，成立于 1964 年。希伯来大学号称"中东哈佛"，Yissum 就是专门负责希伯来大学科研成果转化的公司。目前，Yissum 已经注册了超过 10150 项专利，覆盖 3030 项发明，帮助 1050 多项技术取得了许可证，在全世界范围内建立了 170 多家公司，每年销售获利达到 10 亿美元以上。Yissum 的主要技术领域是生物技术、纳米技术、制药、化妆品、水处理和软件，但最成功的还是化学药物领域。公司不出售专利，而是与伙伴公司共享技术，从而获得专利使用费，标准在 25%~50% 之间。公司收入的 40% 归研究人员，40% 交给学校，20% 由公司开支和维护专利。

在以色列政府研究机构中，也有类似的技术转让公司。比如，以色列农业、食品和环境科学方面 70% 的研究工作是在农业部农业研究组织（ARO）中完成的。ARO 下有 7 个研究所、2 个研究中心和1个中央试验站，有科研人员300人。Kidum农业研究与开发应用部门是ARO的技术中介公司，全权代表ARO进行农业高技术、生物技术和常规研究与开发领域的商洽协议、签订合同及其他商业性安排。

此外，以色列生物技术研究所是总理办公室下属的一个机构，主要从事生物技术、化学、生态和公共卫生方面的研究，拥有约300名职工，其中120人是拥有生物学、生物技术、生物化学、数学等专业博士学位的科学家。以色列生命科学研究公司是其技术转让公司。该公司成立于1979年，每年的平均收入为300万美元，其中60%来自国外。

技术转让后往往需要大量的资本支持才能实现市场化，推动从1到万的突破。在以色列，这一工作是由工贸部来完成的，其首席科学家办公室（OCS）根据1984年通过的《促进工业研究与开发法》，提供研究与开发资助来进行成果转化。与成果转化有关的计划主要有四个，包括"磁石计划"、技术孵化器、研究与开发资金以及双边和多边国际合作资金。研究与开发资金是OCS的主要工业研发资金。经批准的申请可获得政府50%的研究与开发资助（这是创新项目的资助额度），改进现有产品和工艺的可得到30%的政府资助。标准工业研发资金只能由企业申请，研究机构不能直接申请。获得资助的企业要自行完成研发项目，但是政府鼓励获得资助的企业与研究机构签订分包合同，从而使得研究机构间接地获得政府的资助来进行成果转化。该计划每年的经费约为3亿美元。

以色列政府（主要是工贸部）在成果转化体系中起着至关重要的作用。尽管OCS的主要资助对象是企业，但是工业研发资助的目的有三个：一是利用和扩大现有的技术和学术基础，提高科技型企业的开发能力；二是增加高技术产品的制造和出口，减少相应产品的进口来改进以色列的贸易平衡；三是创造工业就业机会，充分利用其高质量的科技劳动力，也就是鼓励多出科技成果、充分利用科技成果。这一机制值得我国借鉴。

在以色列，政府资助下的成果转化的典型经验就是"磁石计划"。"磁石计划"设立于1993年，用于支持工业企业和研究机构组成的研究联合体开发通用竞争前技术。这些联合体一般可以得到多年的研发支持（3年至5年），可以从OCS的磁石计划办公室处得到研发经费66%的资助，而且不用向政府返还。所谓通用竞争前技术，指的是广泛的共同技术、器件、材料、设计和制造方法与工艺过程、标准和协议，这些在不同的工业门类中有着广泛的应用。这些前沿新技术由一两家公司来开发的话，风险高、困难也多，因此需要把各方面的人力和财力集中起来共同进行长期开发。

"磁石计划"的目的是支持新技术和创新技术的研究与开发，形成的成果是在某一领域广泛应用的技术而不是产品。"磁石计划"支持的项目包括太阳能、下一代通信技术、卫星宽带通信技术、生物技术、数字打印技术、微机电系统、二极管泵浦激光器等。

联合体的成果一旦达到"磁石计划"所谓实验工厂阶段,就不能再得到"磁石计划"的支持,而要向OCS的标准研究与开发项目申请资助。而且联合体的形成过程是公开的,任何单位都可以递交申请,便于组成成员最广泛的联合体。由OCS的研究委员会按照得分多少来决定谁获得资助。评判的标准包括:是否对经济有利(有出口或促进就业潜力),技术是否具备创新和通用属性,对参与的公司来说是否至关重要,是否工业界与科研机构间的合作等。

此外,技术孵化器项目办公室也是OCS的一部分。这一计划设立于1991年,最初是为了支持大量苏联来的移民开发新产品,现在是面向全以色列。目前以色列有23个技术孵化器,不少位于科技型工业园区内。每个孵化器都是非营利组织,政府给予其主任(1名)每年175万美元的工资和行政管理费用。每个孵化器下可以有10~15家孵化公司。在两年的孵化期内,OCS提供公司开支的85%,每年最高可达15万美元,其余由公司提供。两年后公司必须自己养活自己,或吸引外部投资来进一步开发产品。对于成功的企业,要求以偿还金的形式向政府交回原始投资。

美国模式——SBIR 计划

成果转化的一种方式是高校和研究机构将自己的技术转让给公司，或者直接寻找投资者（包括私人资本和风险资本），然而更多的情况是，许多成果还不是成形的商品，还需要再投入一定资金来开发、推广，因此存在一定的风险。在这种情况下，需要政府通过各种资助与企业分担这一风险，促进成果的转化。

美国 1982 年推出《小企业创新开发法》（Small Business Innovation Development Act of 1982），旨在为中小企业在技术、产品和服务创新的起步与研发阶段提供资金支持，并鼓励其创新市场化。据此，美国进一步提出"小企业创新研究计划"（Small Business Innovation Research)，即 SBIR 计划。SBIR 计划由美国国会授权美国小企业管理局（SBA）全权负责协调与管理，指导农业部、商务部、国防部、教育部、能源部、卫生部、交通部、环保局、航空航天局、科学基金会和国土安全部等 11 个政府部门实施，并每年向国会报告实施情况。同时，SBIR 计划信息交流中心负责收集每个参与部门的项目申请指南，每季度发布一次，每个参与部门每年预留出研发经费的 2.5% 作为 SBIR 项目经费。

企业从研发活动到生产经营活动的线性模式包括三个阶段，分别是研究开发、成果转化和规模生产阶段。中小型企业在不同阶段面临的融资形势也有所不同。研究开发阶段的技术风险和市场风险均较高，难以从外部获得资金支持。在成果转化阶段，企业的技术风险有所降低，但市场风险仍较高，资金需求的规模比研发阶段更大，融资问题仍是制约企业发展的主要因素。上述两个阶段中，企业的发展更需要政府层面的大力资助。即便现在，人们只要写申请书就能拿到 SBIR 一期的 10 万美元赞助，如果还能继续往下走，就能申请第二期 50 万美元，要求是做出样品。美国有一些小公司专门靠写 SBIR 的申请存活。而到了规模生产阶段，企业已步入成长期和成熟期，市场风险逐步降低，这一阶段是各种风险投资介入的主要时机，企业获得外部融资的机会大大增加。

当然，全美民间融资也占据了极其重要的地位。在硅谷之前，类似芯片研发这种重大科研项目往往是国家主导，民间很难筹集那么多的资金。硅谷的出现，解决了人类历史上最麻烦的一个问题，也就是投融资问题。在硅谷，"风险投资"变成了一个行业，年纪轻轻的天才能获得天量资金去实现自己的想法。比尔·盖茨，还有英特尔的创始人、英伟达的黄仁勋等，都是依靠风投资助成就伟业。投资从爱好变成了职业，随后规模越来越大，风投和高科技联系在了一起，半导体、生物技术、个人电脑、互联网、人工智能等，风投成了技术变革的主要推动力。

此外，政府资金和市场资金还能结合在一起去投资。按照欧盟经验，政府可以将公共资金委托给政策性银行（欧洲投资银行）及其下属的产业引导"祖母基金"（Fund of Funds，简称 FOF），由专业的投资人根据项目风险收益进行投资决策，政府只是保留产业导向和外部审计职能，并不会过多干涉项目投资细节。至于可能的国有资产流失问题，一方面需要在法律、制度、财务处理层面给予一定的试错空间，另一方面可参照公募基金"1%~2%管理费"和私募基金"2%基金管理费+20%项目收益"的模式建立和业绩挂钩的奖惩制度。更重要的是，由于坚持市场化的竞争理念，投资收益或政策效果不足的运营机构或团队，完全可以通过自由竞争交由其他机构或团队运作，政府资金的主导权仍掌握在政府手中。我国近些年来蓬勃兴起的政府引导基金，也属于这种类型。

我国的政府引导基金

近年来，由地方财政出资建立政府引导基金依托私募基金管理公司对企业或项目进行股权投资以推动资金进实体的方式在我国兴起。2005年，我国出台《创业投资企业管理暂行办法》（发改委令第39号），首次提出了政府可以设立创业投资引导基金。进入2014年之后，国家针对投融资机制改革出台了《国务院关于创新重点领域投融资机制鼓励社会投资的指导意见》《中共中央、国务院关于深化投融资体制改革的意见》等一系列文件，从此政府引导基金进入快速发展阶段。清科研究数据显示，截至2022年末，各级政府共成立1531只政府引导基金，自身规模累计达27378亿元。

科技成果转化的"卡脖子"问题

"陈果多而成果少"

受《拜杜法案》的影响,我国大力推进科技成果转化立法,强化了对所有权归属、利益分配、激励措施等方面的要求。2007年,修订《中华人民共和国科学技术进步法》,规定财政资助项目知识产权归属及其运用。2015年,修订《中华人民共和国促进科技成果转化法》,规定国家设立的科研机构、大学具有科技成果转化自主权。2018—2019年密集出台45项科技成果转化措施,建立了多角度、多层次的政策支撑体系[1]。2020年以来,科技部、教育部密集出台《关于破除科技评价中"唯论文"不良导向的若干措施(试行)》等多项政策。在政府的大力支持下,我国科技成果转化呈现可喜局面。2018年,3200家高校及科研院所以转让、许可、作价投资方式转化科技成果的合同金额达177.3亿元,同比增长52.2%,合同数量为11302项,现金和股权奖励科研人员6.8万人次。科研人员获得的现金和股权奖励金额达67.6亿元,

---

[1] 来自2019年中国科技成果转化年度报告。

同比增长 44.9%。①

但仍要看到，我国还面临科技成果转化率低、可转化的科技成果供给不足的问题，这是阻碍我国创新驱动发展战略实施的顽瘴痼疾。"流量大但质量低""陈果多而成果少"的现象仍然存在。根据世界知识产权组织（WIPO）的报告，2019 年中国提交国际专利申请 58990 份，首次超过美国（57840 份）排名世界第一，过去 20 年中国专利申请数量增长 200 倍。2021 年，中国申请人通过《专利合作条约》（PCT）途径提交的国际专利申请达 6.95 万件，连续第三年专利申请数量排世界第一。尽管我国在专利申请、国际科技论文数量方面均处于世界前列，但在成果运用和转化率方面却一直表现平平，无法满足国家知识产权战略和科技创新战略的需求。据统计，2015—2017 年，中国高校获得的发明专利总数为 160236 项，专利出售数为 7957 项，将专利出售数除以专利总数得到比率为 4.97%，与美国 50% 的专利转化率相比差距甚大。②

当前，新一轮科技革命正以信息技术、生物技术相结合为特征，在人工智能、高端芯片、合成生物学、空间科学等领域多点开花、集群突破。全球主要大国都把科技作为本轮战略博弈的核

---

① 来自 2019 年中国科技成果转化年度报告。
② 沈健. 中国科技成果转化率与美国差距有多大，问题在哪里 [J]. 知识分子，2019（11）.

心，政府强力推动，高度重视科技发展，争夺科技优势和霸权，全球科技竞争白热化，国与国之间的竞争尤为激烈。科技优势被美国视为维系国际霸权地位的基础，近年来美国认为中国的发展已对其科技霸权形成挑战和威胁，2019年美国封杀华为，标志着以美国为首的西方发达国家对中国发动全面科技战。

在复杂严峻的国际形势下，进一步深化我国科技体制改革，解决科技领域存在的深层次问题，全面激发科研人员活力，提高我国科技成果转化率和竞争力，是我国建设世界科技强国和实现高水平科技自立自强的必然选择和迫切需求。

桎梏在哪里

其一，基础研究能力不强，技术突破能力整体偏弱。总的来看，我国科技研发投入总量达到世界第二位，专利申报数量位列世界第一位，但科研成果转化率仍偏低，不足30%的科技成果转化率远远低于发达国家60%至70%的水平。[1]究其根本，对基础研究的稳定支持力度不够是重要原因。多年来，我国基础研究投入占全社会总研发投入的比例在5%左右，而大部分发达国家平均为20%。[2]这直接导致我国科技成果从"1"到"∞"的

---

[1] 陈红喜，关聪等.国内科技成果转化研究的现状和热点探析[J].科技管理研究，2020（7）：125-134.

[2] 白春礼.加速科技成果转化 推动科技供给侧改革[J].学习时报，2017（001）：1-3.

突破较多，而从无到"0"的原创性思路，以及从"0"到"1"的原创性成果偏少，也很难实现重大原始创新的集群式突破。相比日本已有20余名科学家获诺贝尔奖，我国获诺贝尔奖的科学家寥寥可数。

其二，可转化的技术成果含金量也不够高。有以下几方面原因：一是技术研发对接市场需求的紧密度不够。我国大多数科研机构在科研方向的选择上主要由科技专家决定，对市场技术需求趋势的把握和敏锐度较弱，难以快速精准地形成以需求为导向、以市场为依托的研发活动。二是转化项目的总数相对较少、比例不高。高校和科研院所分布在各行各业、各个地方，缺乏一个成果转化推进部门统筹，科技成果转化水平差异很大，成果转化方式的选择余地较小，可转化的技术成果占研究成果总量的比例不高。三是科技人员跟技术成果的可转化价值没有建立相应的联结机制。科技人员学术水平评价、职称评定、荣誉奖励等主要跟论文数量、影响因子、发明专利等指标密切相关，跟科技成果的可转化价值关联度不高。科技成果的转化价值只有在转化后才能体现，需经历很长时间、投入很多精力、付出很高成本、面临各种风险挑战，导致科研人员参与科技成果转化的动力不足。

其三，从技术研发到推广应用的效率不高。科技成果转化常见的模式主要有自行投产模式、技术转让模式、委托开发模式和联合开发模式等，①我国的科技成果转化模式仍处于不断探索、优化中，转化成功的案例分享也非常有限，如有些高校和科研院所在市场化、产业化、风险控制等方面的认知和经验不足，从而影响和企业合作进程的推进以及成果转化效率的提升等。

这些年来，在相关部门的推动下，全国搭建了不少"产学研用"技术创新平台，但实际运行中往往受制于经费保障、运行机制、利益机制等不完善，难以较好地实现组建"产学研用"一体化。在一体化进程中，中介机构不可或缺。然而，各地一窝蜂似的上马生产力促进中心、科技企业孵化器、创业投资服务机构等科技中介机构，造成大量的运作重复交叉、无序竞争，而专业化人才队伍依然缺少，成果转化中介机构的服务能力与水平还远远不够。

其四，科技评价体系不完善。尽管近几年国家密集出台相关文件要求"破五唯"，但"破"易"立"难，能提高科技创新能力、质量、绩效和贡献的科技评价体系尚未完全建立，在职称、奖项、成果等各类评价中仍然普遍使用SCI论文数量、被引次数、影响因子等指标。

同行评议是国际上公认的科技评价质量控制的有效方法，但目前行业自律、学术规范、科研诚信体系等不够健全，受到各种

---

① 杨栩，于渤.中国科技成果转化模式的选择研究[J].学习与探索，2012（8）：106-108.

盘根错节的人情、关系、门第等非学术因素干扰。此外，科技发展呈现综合、前沿、交叉的态势，同行评议的难度也越来越大。

当前，如何把量化指标和同行评议相结合，实现融合评价成为业界讨论的热点话题。如果不能充分理解科技评价量化指标和同行评议之间的区别和联系，仅仅把融合评价当作两者简单机械的结合，那是远远不够的。既要厘清传统与新兴量化指标的功能和局限，也要处理好大同行和小同行评价、同行评议与评价委员会、专业评价与开放评价之间的关系。

北京某研发机构探索评估新模式

北京某研发机构是北京市重点推进建设的新型研发机构之一。为促进机构能力建设，快速提升发展水平，该机构采用内部自我评估和外部国际评估相结合的方式。

外部评估方面。设立国际评估委员会，由领域内包括诺奖获得者在内的国际顶尖科学家组成，研究领域涉及生理学、医学、计算神经学、人工智能等。国际评估委员会评估是国际同行专家的评议，从人才队伍、平台建设、科研水平、成果转化、科研管理、国际化等六个方面进行评价。

内部评估方面。充分体现科学家治所理念，每年由机构

> 科学家对技术中心及工程师、行政人员的绩效进行评估，旨在提高专业度，加强管理和辅助决策，提高效率。

一直以来，科研工作的评价都是以成功与否作为依据，一定程度上忽视了科研过程中试错的重要意义。即使成功了，给予的激励也远不够科学有效。造成这种情况的原因主要有三个。一是科技激励机制还不完善。优秀科技创新人才得不到合理的回报，部分科研院所人才流失情况严重。每年的高考状元一窝蜂报考经济管理类、金融类专业，一流大学多年培养的科技人才转行进入金融行业。二是项目经费间接费比重较低。近年来，科技活动"重物轻人"的现象得到一定扭转，国办发〔2021〕32号文再次提高项目间接费比例，如500万元以下预算项目间接费比例从20%调增到了30%，但是用于整个科研团队的绩效支出仍然非常紧张。三是科技人才队伍呈现结构性矛盾。顶尖专家和战略科学家严重缺乏，拔尖性创新人才数量不足，我国科技人才队伍的结构性矛盾依然突出。

加速推动科技成果转化

以我国推动科技成果转化的案例来看，"四化"是重要推进方向，具体如下。

体制机制企业化。要推动科技成果转化，理顺各方关系显得尤为重要。探索产学研用紧密合作机制，尤其是成果、收益、风险共享共担机制，尽可能地确保各方满意。在运行管理上，采取理事会领导下的院长负责制，实行市场化运作、企业化管理模式，具有相对灵活的人财物自主权。合理的科技成果转化机制应提高科学研究孕育技术突破的能力，提升具有转化价值科技成果的比例，激发各方主体在科技创新和成果转化中的主动性和积极性，推动产学研实质性合作、高质量合作。

西南交大推动职务科技成果权属改革

2016年1月，西南交大在四川省全面创新改革试验区框架内率先启动"职务科技成果权属混合所有制"改革，将"先转化、后奖励"改变为"先确权、后转化"，通过产权激励突破了科研人员"不愿转"的第一道关隘。一批长期得不到转化的职务科技成果迅速进入了转化阶段。这项改革成果被写入新修订的《专利法》与《科学技术进步法》。为突破各级管理干部"不敢转"的第二道关隘，西南交大探索了"职务科技成果非资产化管理"，校内职务科技成果不再被当

> 作国有无形资产管理，交由科研院所与大学科技园按市场规则转让、许可和作价投资。2022年1月12日，四川省跨高校院所新型中试研发平台在西南交大研究院有限公司正式揭牌，标志着西南交大现有中试研发平台将面向全省高校院所与重点企业开展中试研发。下一步要通过打造相关平台，坚持市场化导向，深入探索"先中试、后孵化"模式，加快打造创新成果培育孵化重要基地、产业技术研发转化创新中心、高质量发展制度创新示范样板，进而突破"没有成熟成果可转"的第三道关隘。

设立主体多元化。设立单位既有政府、科研院所、高校、企业，也有中介机构、投资机构。从性质上看，主要有事业单位、非营利机构、企业和社团。从研究任务来源看，一部分是承接经营主体的合同科研，另一部分是向政府申报或受其他组织委托的研究。从成果处置方式看，除按合同约定交付外，其他自主研究成果既可以直接投资办企业，也可以交易变现。

科研攻关集成化。传统研究机构更加注重基础研究、学术研究；新型研发机构集科研、孵化、资本等要素和功能于一体，对关键核心技术和重大科技问题集成攻关，解决产业发展中"卡脖子"难题。要推动企业通过全程参与研究方向确定、中试、生产性试验等活动，牵头组织跨学科、跨行业的产学研合作平台或搭建行业开放性中试平台等方式，加速推进行业科技成果的转移、转化。

对"科研攻关"思维的反思

"科研攻关"是我国科技界长期以来形成的底层思维和价值导向，激励了几代科研工作者。然而，开展攻关的前提是存在性已被证明，若是面对无人区，面对具有挑战性、探索性、不确定性的前沿科技，就不适用"科研攻关"思维。此外，"科研攻关"确保成功导向，把科研工作锁死在确定的轨道下，束缚了科研人员的思想和手脚，不利于科研人员探索"无人区"，找到新赛道、新模式、新路径。

激励方式市场化。如何调动科技人员的积极性，完善科学合理的绩效评价体系？这是一个困扰我国科研界已久的难题，解决这个难题的关键是推动科技人员走出"立项-论文-授奖-职称聘评"的怪圈，杜绝单纯以项目、奖励、论著、论文来"论英雄"的评聘方式，激励科技人员在履职中成就个人、服务好国家科技

创新大事业。

包容试错合理化。在前一章中，我们提出创新人才的成长离不开容错的氛围。科技创新，尤其是原始性创新，是一种向未知领域探索的活动，风险与变数如影随形。失败的概率高于成功的概率是科技创新的常态。尊重科技创新规律、释放创新空间、激发创新活力，就要宽容失败，允许和鼓励试错。"鼓励创新、包容试错"的学术氛围对于探索无人区的重大原始创新至关重要，允许合理的试错是必要的。

本章小结

没有哪个国家靠跟随模式实现了强大。作为后发国家，在现有领先国家掌握的技术体系、价值体系甚至语言体系内，在现有技术轨道的延长线上，很难形成竞争优势，难以提升产业的国际竞争力，占据价值链的有利位置。同时，由于思维固化和路径依赖，长期跟随下形成的思想理念、社会结构和利益格局，也会把国家发展牢牢禁锢在沿袭的轨道上。百年未有之大变局下，进入新发展阶段，在中国已完成量的积累并迈向质的飞跃的进程，如何进一步推动科技成果转化取得长足发展，助力中国科技事业由大变强、由跟踪到领先，显得尤为重要。本章分析了世界各国在科技成果转化方面有关机构设置、资金扶持、人才培养等内容，希望对我国的科创事业能有所裨益，助力我国打造出一批一流的科创团队，取得一批一流的创新成果。

第五章

必由之路

伟大复兴和创新驱动的
双向奔赴

科技创新是一个系统性、长期性的工程，需要各个方面协调组合成的有机环境来供其生根，也需要一代又一代人的汗水浇灌助其开花，其间任何一点放弃的冲动、任何一点营养的缺失、任何一点方向的偏离，都可能造成前功尽弃的后果。这个过程从来不会一蹴而就，从星星之火到燎原之势也不是偶然，任何天才的创意、偶得的灵感都不会自然而然转变为现实，成为改造世界的强大物质力量。

回望一路走来的世界科技创新史，纵观世界科技强国的发展经验，我们更加清晰地看到，引领科技发展潮流、占据科技创新高地，需要一个国家、民族长期耕耘，需要国家对科技创新高度重视，站在现实与未来、国家与国际的交会点上，对科技发展趋势进行战略研判和前瞻谋划，制定符合潮流的发展战略，确定科技创新的行动目标和步骤。

我们回到前言中提到的《科学：无尽的前沿》这本书。这一报告出台的背景是1945年，时任美国科学发展局主任范内瓦·布什向美国总统起草和提交了这份报告，目的是把科学技术创新放到更高的层面，明确提出战后美国科技立国、基础研究强国的观点，对美国科技发展的战略着力点及国家科技管理的组织架构和运行机制进行了科学规划与整体设计，针对从人才培养到经费投入再到国际合作提出了系统又详细的计划。基于此，美国抓住了战后科技发展的重要机遇，走向了科技强国之路。

1982年，欧共体正式执行试验期为一年的欧洲信息技术研究发展战略计划，该计划成为连通欧共体和欧洲工业企业的桥梁，对促进科研机构和企业的联合、提升欧洲的整体国际竞争力具有明显作用。

20世纪90年代初，德国完成了统一，联邦政府通过制定连续的创新战略和规划、合理的创新政策设计和制度安排，以及切实有效的各类行动举措，驱动国民经济及社会发展。再如，与我们隔海相望的邻国日本，在20世纪80年代后，正式提出"科技立国"，相继推出五期"科学技术基本计划"，推动经济实现转型发展。

我国很早就认识到了科技创新的极端重要性。早在1956年，党中央就发出了"向科学进军"的号召，并制定出中国第一个发展科学技术的长远规划——《1956—1967年科学技术发展远景规划纲要》。改革开放以后，邓小平同志提出了"科学技术是第一生产力"的科学论断，[1] 我国科学基础事业进入了新的发展阶

---

① http://zgdsw.com/article/851.html.——编者注

段，提出了科教兴国战略和人才强国战略，先后制定并实施了"星火计划"、"863计划"、"火炬计划"、"攀登计划"、重大项目攻关计划、重点成果推广计划等一系列重要计划，推动了科学技术的迅猛发展，深刻改变了我国的经济社会面貌。

党的十八大以来，党中央、国务院做出实施创新驱动发展战略的重大决策部署，出台了一系列深化科技体制改革的重大举措和政策，有力地促进了我国科技创新事业蓬勃发展和科技与经济社会全面发展紧密结合。党的二十大进一步强调，坚持科技是第一生产力、人才是第一资源、创新是第一动力，深入实施科教兴国战略、人才强国战略、创新驱动发展战略，开辟发展新领域新赛道，不断塑造发展新动能新优势。

当前，面对严峻复杂的国际形势和接踵而至的巨大风险挑战，要想始终站在时代的前列，就必须以世界眼光迎接新科技革命带来的机遇和挑战，把科技自立自强作为国家发展的战略支撑，不断完善科技创新顶层设计，打造符合国家强盛历史逻辑、我国经济社会发展现实逻辑、国内外发展环境内在逻辑、科技自身发展演进逻辑的科技创新版图，把全社会的创新能量更充分地释放出来。

进行原创性、引领性科技攻关

人类历史中的技术突破多如繁星,但归根结底仍遵循着幂律分布——"关键少数"技术主导着社会的变革。

极少数关键技术创新产生了最大的价值,远远超过其他技术。这些关键核心技术的作用不可替代,它们首先具备原创性、引领性、关键性、创新性的特点,并最终产生基础性、革命性、时代性意义。在关键核心技术的引领下,其他技术创新循势而上,纷纷涌现,并且不断组合和进化,最终创造出巨大的生产力,广泛推动着经济和社会的发展。

要打造中国科技创新版图,抓住能量、物质、信息这三个科技发展的"最基本命题"至关重要,这是把握原创性、引领性科技攻关的重点方向,抢占科技创新最前沿和制高点的关键。

能量突破:可控核聚变

拥有源源不断的清洁能源是人类梦寐以求的。目前的核电站都是依靠核裂变反应获得能量,但裂变反应会产生大量的核废料,而这些核废料稍处理不慎,就会带来严重的放射性污染。特别是随着核电的发展，核废料会越积越多，到现在为止还没有找到永久性地处理这些废料的办法。

为了克服核废料难以处理这一棘手的问题，科学家们已尝试利用核聚变反应获取核能。所谓核聚变就是几个轻核（如氢）聚合成一个重核，在这一过程中会释放出远大于裂变反应的能量。天文学家发现，太阳的组成元素中，氢占到了70%多，如果太阳能真是核反应提供的，那这种核反应很可能就是氢核聚变。1938年，美国物理学家贝特证明，在太阳的高温下，失去了电子的氢核会结合成一个双质子。但这种核不稳定，其中的一个质子会马上放出一个正电子而变成中子，使双质子核变成氢的同位素氘。在高温动能的驱使下，两个氘核又会合成一个氦核，并释放出巨大的能量。这种反应不但能量更大，而且反应的生成物是稳定的元素，没有核废料，因此也就不存在放射性污染。

一旦实现可控核聚变，人类将彻底挣脱能源束缚。

人类将实现能源自由：聚变燃料氘在海洋中大量存在，据计算，一桶海水中能提取的氘的能量相当于300桶汽油；虽然氚不存在于自然界中，但可以通过地球富含的锂元素进行转化。并且，除了氘-氚聚变，科学家也寻找到了大量的替代方案，如氢硼聚变等，都有望成为可控核聚变的燃料。

人类将获得能源安全：可控核聚变堆中没有用来制造核武器的浓缩放射性材料（如钚、铀等），就算约束失败，不稳定的等离子体也会在极短的时间内冷却,不会发生核灾难。

人类将使用清洁能源:可控核聚变的产物主要是中子和惰性元素氦,并不会产生二氧化碳造成温室效应,也不会产生对环境造成巨大影响的放射性废物。

几十年来,科学家虽然在这方面已经取得巨大的进步,但仍然没有达到足以商用发电的水准,甚至一直没有实现输出能量大于输入能量的能量增益。这是因为没有任何一种容器可以承受超过1亿摄氏度的高温,并且在如此高的温度下,氘氚燃料呈现出电子和原子核分离的混合状态,即等离子体态。等离子体态下的物质在内部会产生复杂的电磁场和不稳定性,使得科学家无法准确预测它的状态,进而难以将这样一个"洪水猛兽"约束在人类设计的牢笼中并达到聚变条件。

"人造太阳"

地球万物生长所依赖的光和热,都源于太阳核聚变反应后释放的能量。而支撑这种聚变反应的燃料氘,在地球上的储量极其丰富,足够人类利用上百亿年。如果能够利用氘制造一个"人造太阳"来发电,人类有望彻底实现能源自由。

但制造"人造太阳"面临一个突出的现实问题:用什么

> 容器来承载核聚变？人工控制条件下等离子体的离子温度需达到1亿摄氏度以上，而目前地球上最耐高温的金属材料钨的熔化温度是3000多摄氏度。这意味着，需要造出一个同时承载大电流、强磁场、超高温、超低温、高真空、高绝缘等复杂环境的装置，这对工艺设计和材料提出了极高的要求。
>
> 　　为了达到聚变实验装置所要求的条件，中国EAST团队的科学工作者自主创新、自主设计、自主研发了大部分具有自主知识产权的关键技术，创造性地完成了EAST装置主机的总体工程设计。世界上新一代全超导托卡马克核聚变实验装置在中国率先建成并正式投入运行，为未来清洁能源的利用和发展提供了实验研究平台。目前，我国的"人造太阳"已成功实现可重复的1.2亿摄氏度101秒和1.6亿摄氏度20秒等离子体运行，创造了托卡马克实验装置运行新的世界纪录，向核聚变能源应用迈出重要一步。

　　日前，美国劳伦斯利弗莫尔国家实验室国家点火装置实现了人类历史上首次激光可控核聚变点火：实验输入2.05兆焦耳激光能量，产生了3.15兆焦耳聚变能量输出（大约是电动汽车行驶10公里所需的能量），实现"净能量增益"。这是人类能源史上的重大突破,从科学原理和工程技术上验证了未来核聚变能源的可行性,开启了人类进入清洁能源时代的大门。

人类历史上首次激光可控核聚变点火,是科学研究领域的一个重大突破,证明了在实验室实现可控核聚变的可行性,也为聚变能源的实际应用打下了坚实的基础——从单纯追求点火迈入探索更高能量增益的聚变方案,最后在应用层面上实现聚变发电,获得近乎取之不尽、用之不竭的终极能源。但是,我国的惯性约束聚变研究起步稍晚。近年来,我国相关研究在蓬勃发展,间接驱动方案已经在国内大型激光装置上完成了理论验证,并且大量研究聚变中基础物理的分解实验也已完成,研究人员对惯性约束聚变的认识达到了世界前沿水平。中国工程物理研究院贺贤土院士和中国科学院张杰院士都分别提出了新的皮实性更好和高增益的聚变点火方案。从目前来看,要建成商业核聚变电站,实现真正意义上的聚变能源应用仍需几十年的努力。在如今可控核聚变翻开新篇章的背景下,中国的激光聚变研究者既要优化更皮实的激光聚变点火方案,探寻工程上聚变能源的实际应用,又要学习研究理解复杂聚变系统的物理真实,通力合作,争取实现激光可控核聚变领域的"弯道超车",为实现人类"能源自由"做出中国贡献。

物质突破：把目光转向宇宙

1964 年，苏联天体物理学家尼古拉·卡尔达舍夫指出，文明可以根据其可用能量的总量进行分类。按照他的定义，0 级文明只能利用其所在星球有限的能量。按照美国天文学家和天体物理学家卡尔·萨根的计算，人类目前的卡尔达舍夫指数约为 0.75。而 1 级文明，"可利用所在行星上的所有能量来源，包括该行星接收到的来自宿主恒星的全部光能，能够对本星球进行完全的掌控"。

可控核聚变的实现有望使我们拿到 1 级卡尔达舍夫指数的门票。从此，人类掌控的不仅是星球上的全部能源资源，还能够对地质变动、大气变迁、生物圈更替、海洋活动等星球本身的活动进行人为操控。文明层级的上升还将使人类有机会开发和利用外太空的物质资源。

20 世纪 20 年代，美国科学家哈勃发现了红移现象，说明宇宙正在膨胀。之后，又进一步发现宇宙在加速膨胀。关于引起宇宙加速膨胀的主要原因，主流观点认为在宇宙可观测到的物质之外，还存在暗物质、暗能量。宇宙中可见物质仅占 4.9%，而暗物质占到 26.8%，暗能量占到 68.3%。暗物质不发光，不发出电磁波，从来没有被直接"看"到过。暗物质和暗能量，被称为 21 世纪物理学的两朵新"乌云"，是当前研究的热点，世界科技大国都在积极布局开展这方面的研究和探测。

探测暗物质的方式主要分为三类：一是对撞机探测，如欧洲核子中心的大型强子对撞机；二是在地下进行的直接探测，如我国在四川锦屏山地下实验室中正在开展的相关实验；三是间接探测，主要在外层空间进行，通过收集和分析高能宇宙射线粒子和伽马射线光子寻找暗物质存在的证据。

2022年底，《科学》杂志评选的2022年10大科学突破已揭晓，美国航空航天局的詹姆斯·韦布空间望远镜（JWST，简称韦布望远镜）摘得桂冠。作为人类历史上最大的空间望远镜，韦布望远镜不仅摆脱了地球大气的困扰，还装备了一整套红外波段观测设备，从而得以窥见宇宙遥远的过去，观测到远在130亿光年之外的天体（也就是观测到130亿年前的宇宙），这是大名鼎鼎的哈勃空间望远镜都做不到的。镜面口径的提升也大大增加了望远镜的分辨力，使得韦布望远镜发回的第一批图像细节满满。对于同一个观测目标，韦布望远镜展示的细节之丰富，远超所有前辈。除了揭秘宇宙极早期历史，韦布望远镜还可搜寻地外行星乃至分析地外行星的大气组成，为寻找人类在宇宙中的同伴做巨大贡献。2022年9月，韦布望远镜发现了一颗7倍木星质量的硕大系外行星HIP 65426b，并且从4个不同波段绘制了图像，揭示了许多有关其所在恒星系的奥秘。2022年11月，韦布望远镜首次在系外行星WASP-39b大气中发现二氧化碳存在的明确证据——这项对其他望远镜来说难如登天的任务在韦布望远镜这儿只能算是小菜一碟。结果显示,这颗土星质量的行星围绕着一颗距地球 700 光年的恒星运动,大气中存在水蒸气、钠、钾、二氧化碳,乃至些许云。

在外太空,不仅有人类已知的、有明确利用价值的物质,很可能存有尚未被我们知晓的物质,就如同石油之于美索不达米亚的远古人类。比如,在火星和木星之间的小行星带上,有一个含有海量矿物的小行星 16Psyche。目前的研究表明,16Psyche 是远古时期的一个小行星的星核,在经受了无数次陨石轰炸以后,其外表的岩层都被剥离了,露出了里面几乎是纯金属的部分,主要成分是人类工业发展必需的铁和镍,同时还富集了超过 50 亿吨的黄金、铂金等贵金属。

向宇宙深处进发

20 世纪六七十年代,是人类探索太空的黄金时期,当时美国和苏联为了在航天领域争锋,纷纷向太空发射人造卫星以及无人探测器,先后对金星、火星、水星进行了造访。可以说,正是美苏在太空领域的激烈角逐,使人类一次又一次向着星辰大海进发。

不过在那时,人们最多只能探测太阳系内侧行星,对于外侧的行星无法探索。这是因为外侧行星太过遥远，人类制造的火箭很难提供足够的动力到达，所以探索太阳系外侧行星以及边缘地带，一直以来都是科学家难以触及的问题。

一位来自美国加利福尼亚大学的毕业生米诺维奇发现，航天器在接近行星时便会被引力吸引。他计算只要探测器不坠入行星，就可以通过行星的重力场来加速，从而被行星引力甩出去，由此可以节省探测器的燃料和时间。恰巧当时科学家还意外发现，太阳系外侧行星的轨道位置会出现176年一遇的特殊几何排列，这意味着探测器只要飞行一次，就可以通过行星引力弹弓效应加速，依次对木星、土星、天王星以及海王星进行探索。这无疑是一个千载难逢的机会，如果错失将会等到176年之后。

经过几年的建造之后，1977年，"旅行者"姊妹号相继发射升空，开始向着太阳系外侧飞去。如今"旅行者"姊妹号已经飞行了漫长的46年之久，于2012年和2018年穿越了太阳的日球层，进入了星际空间，而旅行者一号更是成为人类飞行最远的人造探测器，到达了距离地球240亿公里的位置，目前正带着人类信息向着深远的宇宙深处进发。

信息突破：量子通信

人类的通信史在不断演进，通信方式和通信媒介都在发生变化。通信方式从两个罐头盒加一根绳子开始发展为鸡毛信、电报、拨号盘电话、按键电话、手机、短信、微信，当然，今天迎来了全新的"量子通信"。通信媒介从固体、空气、电缆、光纤，到今天的"量子"。

电子、光子等构成物质的基本粒子，统称为量子，它们是构成物质的最基本单元，无法再进行分割。起源于20世纪初的量子力学用概率描述物理现象，看起来的确有些"玄"：微观尺度上的粒子"可能"在这里又在那里，"可能"同时向两个方向运动；粒子之间还可以互相纠缠——通过某种方式即时地远程感知、影响对方。经过爱因斯坦、玻尔、海森伯、薛定谔等科学巨擘不断完善，量子力学理论初步成形并持续发展。这套看似"不合常理"的理论获得越来越多的实验支持，催生了许多重大发明——原子弹、激光、晶体管、核磁共振、全球卫星定位系统等。欧盟在2016年宣布将量子技术作为新的旗舰科研项目时，将上述成果称为"第一次量子革命"。

量子信息技术是量子力学的最新发展，代表了正在兴起的"第二次量子革命"，其中最具代表性的就是量子通信。量子通信主要解决通信安全性问题。传统信息加密技术依赖数学算法的复杂性，但随着计算能力的飞速提升，再复杂的加密算法也有可能被破解。基于"量子密钥"的量子通信,则从客观物理规律这一根本出发,做到"绝对安全"。

量子通信主要有两种方式。一种是利用量子的不可克隆性质生成量子密码,是二进制形式的,可以给经典的二进制信息加密,这种通信方式被称为"量子密钥分发"。第二种是利用量子纠缠来传输量子信息的最基本单位——量子比特。两个处于纠缠态的粒子A和B,不论它们分开多远,我们把其中一个粒子(A)和携带想要传输的量子比特的粒子(C)一起测量一下,C的量子比特马上消失,但是B马上携带了C之前携带的量子比特,我们把这个过程叫作"量子隐形传态"。根据量子力学"不确定性原理",处于纠缠态的两个粒子在被观测前,其状态是不确定的,如果对其中一粒子进行观测,在确定其状态的同时(比如为上旋),另一粒子的状态瞬间也会被确定(下旋)。量子力学的"不确定性原理"则约束了窃听行为本身,只要有人试图测量量子,量子的状态就自动发生改变,"举报"窃听行为;此外,量子的不可克隆性决定了窃听者无法精准复制量子信息。因此,用量子做成"密钥"来传递信息,窃听必然会被发现,且加密内容不可破译。

"领跑"量子通信

2016年成功发射升空世界首颗量子科学实验卫星"墨子号"并被写入党的十九大报告，2017年世界首条远距离量子保密通信干线"京沪干线"开通……一系列令世界瞩目的"首次"背后，都能看到一个人的身影，那就是中国科学院院士潘建伟。

1996年，潘建伟，一个从浙江东阳走出的农家子弟，在获得中国科技大学理论物理学士和硕士学位后，来到维也纳大学攻读博士学位，师从量子力学世界级大师塞林格。在那里，他许下了"在中国建一个世界一流的量子光学实验室"的愿望。

2001年，他回到中国科技大学开始筹建实验室、组建研究团队。随着队伍的壮大，潘建伟团队的科研能力与实力快速提升。从最初实现多个光量子纠缠，到2016年"墨子号"量子科学实验卫星发射成功，潘建伟团队在量子通信领域已经代表中国实现了由"跟跑"向"并跑"和"领跑"的跨越。

2020年12月，《科学》杂志公布了中国"九章"的重

> 大突破。这台由潘建伟等学者研制的 76 个光子的量子计算原型机，推动全球量子计算的前沿研究达到一个新高度。尽管"九章"的算力已快得惊人，但也只是在量子计算第一阶段树起了一座里程碑，对于潘建伟而言，科学的高峰仍有待继续攀登。

目前，量子通信是各国关注的重点。2022 年 10 月 4 日，诺贝尔物理学奖更是授予了在量子信息领域做出开创性贡献的三位科学家。2016 年，中国发射了全球首颗量子科学实验卫星"墨子号"。该卫星可与地面上相距千公里量级的两处光学站同时建立量子光链路，实现了世界首个卫星和地面之间的量子密钥分发、量子纠缠分发和量子隐形传态。"墨子号"取得成功，激发了国际上很多国家投入空间量子通信计划的热情。目前，我们不管是在"墨子号"还是后续的低轨小卫星上，都在国际上保持领先。未来，我们有望通过太空中低轨、高轨的卫星组网，实现天地一体化的广域量子通信保密体系，并且与经典的通信网络实现无缝连接，来构建具有国际引领地位的战略性新兴产业和下一代国际信息安全生态系统。

打造强大的创新要素工场

正如前文谈到的,创新是一种经济活动,本质特征是通过对各种生产要素的重新组合,创造新产品、新服务、新市场、新模式、新组织等。因此,只有有充足的要素保障,做好人、资本和数据这三篇大文章,才能打造强大的创新要素工场,让创新源泉充分涌流。

充分发挥人才引领驱动作用

功以才成,业由才广。人才是国家和民族长远发展的大计,是实现民族振兴、赢得国际竞争主动的重要战略资源。当今世界的科技竞争说到底是人才竞争,创新驱动本质上是人才驱动。没有强大的人才队伍作为基础,科技创新就是无源之水、无本之木。哪个国家拥有人才上的优势,哪个国家最后就会拥有科技优势、实力优势、竞争优势。

党的二十大报告指出,坚持面向世界科技前沿、面向经济主战场、面向国家重大需求、面向人民生命健康,加快实现高水平科技自立自强。这一要求对人才数量、质量和结构都提出了全方位的新要求。无论是完善科技创新体系，还是加快实施创新驱动发展战略，都要求我们完善人才战略布局，加快建设世界重要人才中心和创新高地，着力形成人才国际竞争的比较优势，建设一支规模宏大、结构合理、素质优良的人才队伍。

科技创新人才的培养，存在两种不同的育才环境：一种是传统的师徒传承式的育才环境，另一种则是依托大型科研项目牵引的育才环境。前者主要存在于高等院校和科研院所中，导师通过向学生授课的方式，传授科学知识、科学方法、科学理念；后者主要存在于大型科技攻关项目中，老专家在与青年学者共同工作的过程中，传授解决工程难题的实践技能。就人才培养的实际效果而言，两种育才环境各有千秋。前者有助于构筑完备的知识结构和厚实的基础研究功底，后者有助于提升应对实际问题的分析、判断以及相应的操作能力。比如，在"两弹一星"的科技精英群体中，多人曾为师生关系。叶企孙、吴有训、赵忠尧、吴大猷等被称为"两弹一星"的鼻祖，23位科技精英早期的成长几乎都与他们密切相关，他们多人师从同一个导师，或师生共同研制"两弹一星"。当然，造就高素质科技创新人才，不仅需要接受导师言传身教，也需要参与科研团队的集体攻关，应该是两种育才环境相互融合的结果。"两弹一星"能够研制成功，就是因为既有优秀导师的传帮带，又有大型科研项目提供的绝佳"练兵场"。类似这样，要实现两种育才环境的互补，在当前环境下最好的方式是以综合性大学的重点实验室为纽带,联结大学课堂与工程研发部门,整合高等院校和科研项目的育才资源,既汇聚高等院校优质的导师资源,又利用大工程的平台支撑,实现两者育才优势的互补。

高素质科技创新人才的成长,还需要经历不同的研发机构和创新氛围的磨砺。从事基础研究的大学、从事开发研究的科研院所以及从事应用研究的企业研发部门,都是创新人才成长不可或缺的沃土,关键在于如何在综合性大学、企业和科研院所之间构建交互式的人才流动机制。

一方面,可以遵循学科交叉与融合的宏观规律,建立跨学科的人才汇聚模式。交叉领域各类产学研部门之间被忽视的无人区,是一个相对空白的领域,也是在科技创新方面能够获取最大效益的领域。我们可以把汇聚多学科的研发项目作为未来科技创新的重要突破口,并借此构建研发团队和交流合作平台,不断提高科技创新人才的综合素质。

另一方面,尽可能打破原有产学研部门的条块分割、各自为战的研发建制,改变科技人员应动不能动的局面,鼓励科技人员基于兴趣与优长自主流动,在最大程度上实现人尽其才。

造就高素质科技创新人才,还应该确立任务导向与兴趣导向结合的人才配置原则。一方面是在顶层设计方面,要着眼于科学前沿,对创新人才团队发展进行前瞻性的战略布局,摒弃片面追求短期任务而忽视中长期基础研究的做法，从创新人才队伍的数量规模、能力素质、队伍结构和效能作用四个方面入手，实现基础研究与应用研究的协调发展、同步提高。另一方面是在实际操作层面，从跨部门甚至跨层级组织实施的重大项目入手，在明确任务目标的前提下，维系适当的研发自主性，确立"科学前沿-应用前景-项目规划-资源配置"无缝衔接的战略发展模式，推动创新人才的涌现。

此外，还要在管理上"放权"、在分配上"放开"、在评价上"放活"，深化人才发展体制机制改革，形成具有全球竞争力的开放创新生态，把各方面优秀人才集聚到党和人民事业中来，充分"解绑""减负"，让各类人才的创造活力竞相迸发、充分涌流。

让资本为科技创新紧密护航

如果科技创新只停留在科技层面，没能转化成产品，创新大概率会被"束之高阁"。而打通科技创新和企业创新之间的通道，离不开资本的助推。资本市场具有"风险共担、收益共享"的突出特点，在促进创新资本形成、支持科技创新方面具有天然优势。

近年来，资本市场充分发挥促进创新资本形成的机制优势，企业的创新活力得到激发，科技至产业的转化效率进一步提升。在注册制等关键性制度创新的撬动下，我国资本市场支持科技创新的"版图"愈加清晰，各自有着明确定位的主板、创业板、科创板、新三板、私募股权市场等，正逐步成为新经济集聚地、各类科技创新企业理想的直接融资场所。数据显示，2022年首发上市的406家公司中，集成电路、生物医药、高端装备制造等战略性新兴产业公司达325家，占比超过八成。在科创板，战略性新兴产业公司数量占比约九成，相关融资额合计达2415.18亿元，占比98.09%。2023年2月1日，证监会就全面实行股票发行注册制主要制度规则向社会公开征求意见，标志着A股将迎来全面注册制时代，可以想象，未来资本市场对科技创新企业的支持力度必将进一步增强。

在我国的资本市场中，科创板虽然是新兴板块，但与正在崛起的中国科技创新紧密相连。如第二章所述，以中芯国际、沪硅产业等为代表，科创板吸引了一批极具"含科量"的硬科技企业，集聚国之重器、科技领先类企业的优势凸显，有效支持了一批"卡脖子"技术攻关领域的"硬科技"企业融资。下一步，科创板要坚定聚焦"硬科技"定位，更好地服务实体经济和投资者。

与此同时，2009年启动的创业板市场也不甘落后。2020年8月24日，创业板试点注册制下首批企业成功上市，标志着创业板改革并试点注册制正式落地。更加多元包容的上市条件，是创业板试点注册制的一大亮点。通过综合考虑预计市值、收入、净利润等指标，创业板对处于不同发展阶段的科技创新企业的包容性进一步提升。创业板注册制新上市公司近九成属于高新技术企业，七成主要技术、产品处于国际或国内领先水平，在促进企业自主创新、增强产业链、供应链韧性等方面发挥着积极作用。

不同所有制、不同规模的企业在资本市场"同台竞技"，是社会主义市场经济体制充满活力的重要体现。而北京证券交易所的设立，正是资本市场服务创新型中小企业的重要落子。我国中小企业有灵气、有活力，能办大事，但是长期面临融资难、融资贵的问题。北交所的成立，意味着将有更多"更早、更小、更新"的有潜力的新苗得到资本市场灌溉。从资本市场整体服务格局来看，一方面，北交所与沪深交易所实现错位发展、互联互通；另一方面，北交所与新三板基础层和创新层形成协同发展态势，坚持服务创新型中小企业。打造服务创新型中小企业主阵地是北交所建设的长期目标。今后，北交所如何坚持错位发展？一方面，要兼顾不同行业、不同类型、不同特征的创新型中小企业，拓展数量规模，初步形成创新型中小企业集聚地，丰富企业结构；另一方面，做好互联互通，切实发挥承上启下功能，持续落实好与沪深市场、区域性股权市场的连通机制。

债券市场也在支持科技创新方面扮演了重要角色。2021年3月，全国首批科技创新公司债券在沪深交易所成功发行。科技创新债券是在交易所创新创业公司债券框架下，进一步聚焦科技创新引领作用而推出的，募集资金将专项用于符合国家重点支持行业的科技创新企业，助推实体企业创新升级。募集资金将通过直接投资或设立、增资于创业投资基金等方式，投资处于种子期、初创期、成长期的创新创业企业股权，重点支持高端装备制造、生物技术、新材料、新能源、信息科技等科技创新领域企业高质量发展。

此外，还要积极促进民间资本进入天使投资领域。在美国，大约有 40 万人为持续的天使投资人，大约有 300 万人有过天使投资经历。而在我国，天使投资人的数量却很少。一般来讲，天使投资人主要来自三类人群：第一类是医生、律师等高收入人群和巨额遗产的继承者，第二类是民营企业的成功创业者，第三类是大公司的高层管理者。这三类人群在中国大量存在，另外还有大量的港澳台资本可以用作天使投资。因此，我国存在着大量的潜在天使投资人。但是长期以来，中国人的投资意识比较淡薄，规避风险意识过强，不愿意投资高风险、高收益的行业，更缺乏投资创新型企业的意识。所以，政府应努力培养支持创新型企业的氛围，激发潜在天使投资人的投资动力。同时，充分发挥服务、规范和监督作用，加大税收优惠政策，按照税制改革的方向与要求，对包括天使投资在内的投向种子期、初创期等创新活动的投资，统筹研究相关税收支持政策，加大对合伙人和有限合伙制创业投资企业的投资抵扣政策，充分激发天使投资对科技创新的支持力度。

迎接科技创新的数据时代

当前,数据与计算技术飞速发展,不仅仅在科学研究中起到辅助与支撑的作用,而且可以依靠其自身的逻辑方法,驱动甚至引领科学研究活动。在一定意义上说,离开数据与计算,当今的科学研究活动几乎无法开展,科学发现也几乎难以实现。

未来五年,是我国提出将数据纳入生产要素范围之后的第一个五年,而这也正是我国科技创新战略与以往最大的不同之处。生产要素是创新的"土壤",作为核心生产要素,数据正在成为科技创新的突破口,数据要素将会在未来国家科技创新战略中发挥重要作用。那么,如何让数据更好地支撑科技创新?

首先要做到数据开放共享。开放共享是科学数据产生价值的关键所在,也是国际通行经验。比如美国,20世纪70年代就开始建立数据自由方面的法规,90年代开始提出数据开放共享的概念,建了9个国家级数据中心。美国国家生物技术信息中心建立和维护的基因银行(GenBank),目前已是世界上最权威的基因序列登记数据库之一。而火爆互联网圈的开源代码共享社区 GitHub 则永久性对用户和团队免费开放私有代码仓库的使用,并且不限制项目协作人数,极大地提高了全球数字技术的开发效率,更直接激发了全球开发者的灵感和热情。在我国,20世纪90年代很多科学家呼吁数据共享。1994年,中国科学院就有一批老科学家给国家有关部门写报告,要求实现数据共享。但是，科学数据共享一直裹足不前。针对这一难题，要研究出台引导激励和合规免责相协调的政策措施，制定发布相关工作指引及协议范本，探索科学数据登记凭证、数据安全使用承诺等制度创新，合理界定各方权益和责任，分级分类健全数据作者的知识产权保障机制，为科研机构和科研人员强化动力之源、消除后顾之忧并提供实用工具。支持关联领域基于学科特征和应用场景，以面向全球科技研究前沿和服务国家重大战略任务等为导向，以数据共享协议等方式促进零散数据集的有机融合，并依托各级各类科学数据中心联合打造科学数据主题库，形成一大批引领支撑学科发展的数据产品和数据服务。

接着要努力推动科学数据融合应用。积极推动科学数据出版和传播工作，优化提升"科学数据银行"等探索实践，抓好科学数据出版规范和质量控制，健全针对优质科学数据采集、汇交与出版的引导激励机制。大力培育科学数据共享开放和开发利用经营主体，引导各类机构在安全合规基础上参与开发高价值的科学数据产品和增值服务，积极推动科学数据和社会数据的融合运用，营造科学数据相关业态蓬勃发展的繁荣生态。引导和支持若干数据策略、数据质量较好的学科领域，例如地球系统、生态、气象、空间、天文等，探索开展科学数据运营试点，重点围绕运营管理模式、合作机制、安全保障等形成实践经验。例如，2019年，我国在高能物理、基因组、气象、地震、海洋等领域组建了20

个国家科学数据中心。在实现数据共享、支撑科技创新、加强国际合作方面，国家高能物理科学数据中心、国家对地观测科学数据中心、国家地球系统科学数据中心、国家海洋科学数据中心、国家冰川冻土沙漠科学数据中心等成为重要的基础设施和载体。

同时，还要提升科学数据价值创造能力。针对不同的应用场景，打造一批优质科学数据共享服务平台，大力发展科学数据共享与开发利用所需的搜索引擎和算法工具。强化支撑科学数据安全防控体系的关键核心技术攻关和安全可信管理系统建设，加快提升数据分级分类安全管理的技术能力，实现科学数据资源的可用、可控、可计量和可追溯。探索建立适应科学数据专业人才的培养模式和发展路径，培养会聚一大批专注于科学数据事业的复合型人才队伍。此外，我们不能故步自封，而是要积极融入国际科学数据体系，形成 1+1>2 的效果。比如，依托我国天文等优势科学数据资源，重点打造提升一批具有国际影响力的科学数据平台，引领全球相关领域数据资源合作，在国际科学数据资源体系发展中塑造中国优势、贡献中国力量。又比如，依托国际大科学计划和大科学工程等国际合作项目，积极构建集基础设施、数据平台及场景应用于一体的专业化科学数据体系，不断拓展国际科学数据合作新空间。再比如，依托国际科技合作网络及重要合作机制，积极牵头发起或参与制定各学科领域的国际数据标准和全球性科学数据政策，加强与国际社会的科学数据共享交换和合作开发利用。

最后，什么时候都不能忘记统筹发展和安全。特别是面对日趋严峻激烈的大国博弈竞争，更应牢固树立数据监管领域的安全意识和底线思维。加快研究制订专项科技计划系统提升国家科学数据安全保障能力，探索构建国际科学数据合作的全流程合规和监管规则，按领域、按国别健全分级分类安全标准规范，完善科学数据的安全审查机制和流通监管平台建设，明确监管红线，守住安全底线。

提高科技成果转化和产业化水平

长期以来，我国科技经济两张皮、科技成果转化率低的问题饱受诟病，不少投入较大的科研"成果"，沉睡在实验室里沦为"陈果"，有的科技工作者还在探索科技成果转化的道路上，碰到了诸如激励不到位、国有资产流失风险等体制机制性障碍。

随着科技成果转移转化三部曲的推进——促进科技成果转化法修订、《实施〈中华人民共和国促进科技成果转化法〉若干规定》出台、促进科技成果转移转化行动实施，以及"科字头"机构改革等配套措施落地（比如 2018 年，科技部成立内设司局——成果转化与区域创新司），推动科技成果转移转化情况迎来巨变。以中国科学院为例，其科研成果不断走出象牙塔和实验室，过去 10 年累计向社会转化了约 11 万项科技成果，研发的"曙光"超级计算机、人工智能芯片、干细胞修复技术、重离子治癌装置等，促进了相关新兴产业的发展。下面重点说说重离子治癌装置，这就是简单的科学重器——粒子加速器从基础研究转向民用癌症治疗的典型例子。

我们知道，对付癌症，一般是采取化疗或者放疗的方式。传统化疗的逻辑是先找到癌细胞和正常细胞的区别，再开发相应的化学药物。也就是说，通过粗暴抑制所有细胞的分裂速度，来抑制分裂更快的癌细胞生长。这种杀敌一千、自伤八百的做法，虽然对抑制癌细胞有效果，但是对人体也产生了严重负面影响。

放射治疗，作为一种经典的肿瘤物理治疗手段，已有100多年的历史，目前最常见的放射治疗技术使用的是X射线，同一般化疗类似，通过扫射人体，不管好细胞还是坏细胞，一概杀死。而且放射性本身也是致癌物，会增加正常DNA（脱氧核糖核酸）出错的概率，副作用很大。

为了减少副作用，科学家尝试用质子束或重离子束进行放疗，就是所谓的"质子疗法""重离子疗法"，推动现代放射治疗又迈入了一个崭新的时代。其原理是用加速到约光速的70%的质子线进行照射，攻击人体内深处的癌细胞。相比于传统放疗使用的X射线越进入人体内深处，影响力就越下降的弊端，重离子线治疗技术能在人体内设定其影响力的峰值，将在人体中的剂量损失集中于射程末端，通过调节入射离子的能量和方向，使布拉格峰[①]精准轰击肿瘤靶区，精度达毫米量级，而对沿途和周围健康组织的损伤最小。从全球范围来看，日本是世界上拥有先进、数量众多的质子重离子治疗专用设施的国家之一，通过多年推广质子重离子治疗，积累了宝贵的医疗经验，这也是日本医院治疗癌

---

① 布拉格峰在医学上是指能量峰，指进入身体的重离子在停下来的位置释放其大部分能量。——编者注

症效果全世界领先的原因之一。

为了尽快弥补我国在该领域的短板，近些年来，中国科学院近代物理研究所先后建成多代大型重离子加速器装置，通过先进加速器技术和核探测技术研发、重离子束治疗的相关生物学基础研究以及临床前期试验研究，实现了一系列重离子加速科研成果的转化，使中国成为世界上第四个实现重离子束临床治疗的国家，殊为不易。比如，在位于西北城市兰州的重离子医院，重离子治疗设备通过把重离子从离子源引出来，经过注入器预加速，在同步加速器中加速到最高能量——每核子400兆电子伏特，它在人体里穿透的射程可达27厘米，能满足不同深度肿瘤的治疗。

质子治疗和重离子治疗的区别通俗来讲类似于小锤与大锤，敲小墙用小锤（质子），敲大墙用大锤（重离子）。兰州重离子医院采用的重离子为碳离子，在质量、个头上都大于质子。就像不同口径的大炮装的炮弹不同，轰击产生的威力也不同。二者较为明显的差别是，质子治疗破坏的是癌细胞的DNA单链，而重离子治疗破坏的是癌细胞的DNA双链。重离子的杀伤力显然更大，不过这也意味着，重离子治疗对正常组织的损伤可能会比质子治疗高一些。总的来说，质子或重离子治疗的副作用小、疗程短、疗效好，特别适合不宜手术、对常规射线不敏感、常规射线治疗后复发的部分实体肿瘤的治疗。

依托兰州重离子加速器，中国科学院近代物理研究所已经形成了以重离子科学与技术为核心,既可探索宇宙中元素起源等重大基本科学问题,又能促进能源、材料、生物医学等技术变革的学科群,并取得了一大批原始创新成果,实现了中学物理所讲的离子加速用在了癌症治疗上,也实现了从科研设备到医疗器械产品的科技转化。从中我们不难得出,科技成果转化离不开四个典型因素。

搭建创新策源地

从科技发展史来看,科技创新成果具有明显的区域聚集效应。"世界科学中心"这个概念最先由英国科技史专家贝尔纳提出,判定的标准是日本学者汤浅光朝提出的当一国的科学成果数超过全世界科学成果总数的25%,则该国就是当时的世界科学中心。世界科学中心可以在不同国家间转移且呈现周期性特征,80~100年就可以实现世界科学中心的位移。近代科学诞生以后,世界科学中心实现了从意大利到英国、法国、德国再到美国的聚集和转移。我国学者赵红州依据自然科学大事年表证明:不同国家间科学发展能力的此消彼长是推动科学中心转移的内在动力。

合肥是我国著名的科教城市,科研大院大所众多,知名院校林立。改革开放40多年来,合肥持续深耕原始创新布局和基础研究领域,目前在量子科学、类脑智能、生物医学、聚变能源、未来网络等基础研究领域已初现创新策源锋芒。比如在量子科学领域,潘建伟院士团队的量子通信研究、郭光灿院士团队的量子计算研究、杜江峰院士团队的量子控制研究都来自中国科学技术大学,他们的研究直接促使世界第一颗量子科学实验卫星"墨子号"、第一条量子保密通信网络"京沪干线"和第一台光量子计算机"九章"诞生。[①]

实现成果转化,基础研究创新平台就是策源地,承担了开展高水平科研、培养创新型人才和联动多学科发展等使命。通过聚焦"从0到1"的创新策源能力,为科学家提供自由发展和思想碰撞的氛围与环境,软硬件合力支持,努力助力科研人员实现前瞻性、引领性研究。在重离子治疗这一案例中,中国科学院近代物理研究所及其优质的大科学装置和人才储备,就是实现成果转化的最坚强后盾和最深厚基础。

多出"从0到1"的原始创新

在上文介绍的案例中,中国重离子治疗系统由 ECR 离子源、回旋加速器、同步加速器、治疗终端以及束流传输线组成,拥有 60 余项专利,其中 2 项获中国专利优秀奖,采用回旋注入与同步主加速相结合的技术路线以及电荷剥离注入、紧凑型同步加速器、多治疗模式和个性化治疗室布局的独特设计,实践了一条"基础研究→技术研发→产品示范→产业化应用"的全产业链自

---

① 汪士,琚琼,汪志强.厚植创新发展新优势,加快建设世界科技创新策源地[J].安徽科技,2022(4):4-8.

主创新之路,不仅突破了国外同类产品的技术壁垒,还提高了性价比、降低了运行维护成本,实现了国产重离子放疗设备零的突破,打破了我国高端放疗市场被国外产品垄断的局面。

随着自有核心技术的重要性凸显,它也逐渐成为政策制定者关注的重中之重。2022年1月1日,新修订的《中华人民共和国科学技术进步法》正式实施,首次提出国家实验室是国家战略科技力量的重要组成部分,国家实验室被赋予引领国家战略科技力量的使命。近年来,我国已在重点领域落地了怀柔、昌平、中关村、鹏城、张江、合肥、汉江、崖洲湾、姑苏、启元、乾元等数个国家实验室,国家实验室在我国尚属新生事物。从国际经验看,美国已拥有44家受联邦政府资助的国家或联邦级研发机构,这些机构构成了广义上的美国国家实验室体系,其中严格以国家实验室命名的有18家。美国国家实验室研究领域涉及国家安全、空间探索、能源开发、疾病防治等相关基础研究和应用研究,担负着巩固美国全球领先地位、推进大科学研究、创造生产力和就业机会等方面的重要使命。2023年初,江苏、广东、浙江等多省省委书记先后分别赴苏州实验室、深海技术科学太湖实验室、浙江大学未来食品实验室、祥符实验室、季华实验室、鹏城实验室等地调研考察。相比企业、大学和街道、商区,科研实验室以前是颇为低调的存在,当前之所以受到各地主政者前所未有的重视,就是因为科研实验室是有效贯通原始创新、集成创新、开放创新，深度融合创新链、产业链、人才链，眺望"最高峰"、勇闯"无人区"的重要载体，是未来我国自有核心技术的发源地。

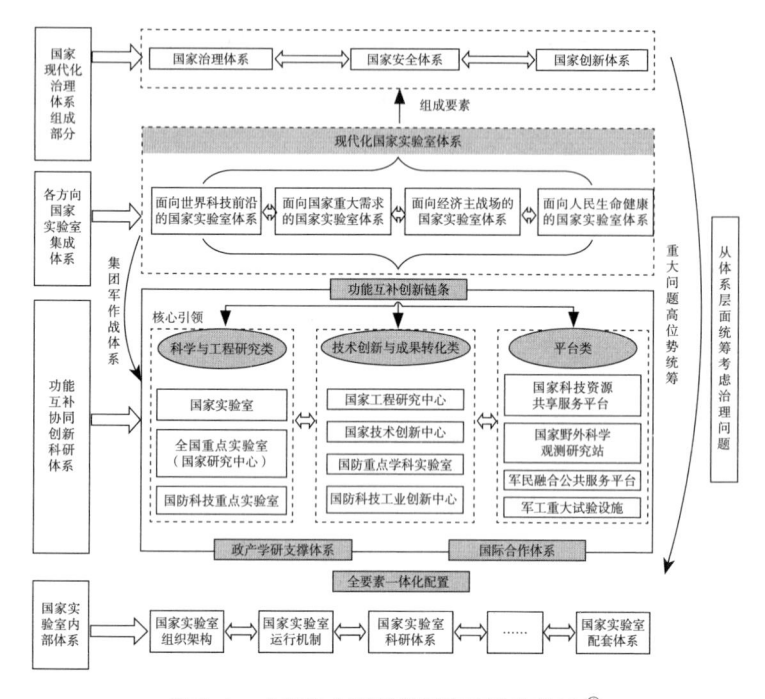

图 5-1　广义融合型现代国家实验室体系①

降低"风险焦虑"

科技成果转化过程中面临的"死亡之谷"现象在企业层面表现为如何将技术变成可供销售的产品，并实现创新产品的扩散。

---

① 李辉，房超，黎晓东. 美国国家实验室运行管理经验与启示 [J]. 实验技术与管理，2023（3）：3243-249，254.

大部分学术创业企业都面临"拿着锤子找钉子"的困境,即如何将一项技术匹配到适合的市场。已有研究表明,技术与市场的匹配是动态变化的,企业发展阶段、互补资产的可得性、外部环境变迁等都显著影响一项创新性技术能否被市场接纳。①

科技成果转化的内生动力来源于良好的预期回报。技术商业化是科技成果转化的核心话题之一。受技术发展轨迹的影响,基于发达国家情境的研究多聚焦于生物医药、化学制药、纳米技术等高新技术领域的技术商业化过程。然而,随着第四次产业革命的到来,人工智能、物联网、脑机接口、先进传感器等新兴技术正在重塑国际竞争格局。以中国为主的新兴经济体国家在第四次产业革命中,始终处于数字化技术应用的前沿,改变了后发国家技术追赶的被动状态。比如,商汤科技作为学术创业企业,仅用7年时间就成功上市,成为计算机视觉领域的深耕者。②

当前,我国科技成果转化研究大多聚焦于信息与通信技术、高铁、制造业、农业、有色金属等行业的技术商业化,缺少对以人工智能、数字化技术、先进传感器等新兴技术的关注。相关人士透露,国际上重离子治疗装置建成和在建19套,单套装置全生

---

① 李晓华,李纪珍,杨若鑫.科技成果转化:研究评述与展望[J].外国经济与管理,2023(4):119-136.
② 同上。

命周期产业价值近 100 亿元。谈及产业布局，相关人士还表示，未来 10 年内重离子治疗系统市场需求远超过 10 套，将形成千亿元级新兴产业链。在河西武威，武威重离子中心"金刚离子"命名标识在国家知识产权局完成注册；在兰州新区，总投资 8 亿元的重离子应用技术及装备制造产业落地，一期工程即将竣工，作为高端医疗装备、大科学工程的国之重器为甘肃镌刻了专属创新印记。

如何分饼决定了饼做多大

科技成果转化的长期长效机制形成，必须依托于成果、收益、风险共享共担机制，确保各方最大可能满意。通过重离子治疗装置，实现了政府、中国科学院、医院、科研人员、病人等多方受益。

除了以上四项，把科研人员解放出来，是尤其重要的一环。2020 年 4 月，40 家单位在科技部等九部门联合推动下，全面启动了赋予科研人员职务科技成果所有权或长期使用权试点工作，给予科研人员更大的科研自主权和受益分享权。全国各地也纷纷启动这项工作，但是职务科技成果赋权的政策体系仍然存在顶层设计与细分政策之间衔接不顺畅的问题，在一定程度上稀释了科技赋权改革顶层设计的政策效应。比如，针对与当前职务科技成果转化不适配的国有资产管理体制，尚未出台有关职务科研成果单列管理相关顶层规划。另外，职务科技成果赋权改革相应的容错和纠错机制也尚未建立，相关部门的权力清单尚不清晰，试点单位需要承担较高的决策风险。

比如,"怕追责"的顾虑。公办高校和科研院所基于内部规定和控制的因素,其科研成果仍按照事业单位国有资产系列管理规定管理,其资产、财务、法务等部门负责相关流程的审批和监督,导致试点单位不同程度存在"怕追责"的顾虑,更愿意通过"先转化后奖励"的路径进行成果转化,使得赋权改革自主性和效率受到影响。而且,在职务科技成果赋权改革中,职务科技成果定价存在对国有资产闲置或流失和国有资产侵占的双重"风险焦虑"。

"解放思想,消除顾虑"应该成为科技赋权改革的关键词,我们认为以下三点尤为重要。

一是持续推进职务科技成果单列管理改革试点工作,充分赋予试点单位管理科技成果自主权,解决长期困扰科研人员的职务科技成果国有资产化问题,不能让教授、专家总为程序"跑断腿""磨破嘴"。

二是健全职务科技成果转化容错纠错机制,尽快出台包含基本条件、处理程序等方面的合规制度及实施细则,为敢于突破创新的科研人员撑腰鼓劲,让事业闯将吃上"定心丸"。

三是加强科技赋权改革相关政府部门间的沟通联动,强化科技、财政、教育、金融等多部门的政策统筹协调,探索建立多部门协同的科技政策联席协商机制,加强各部门信息互通共享,提升政策目标一致性和部门协作的政策合力,避免政出多门、分散发力。

本章小节

科技兴则民族兴，科技强则国家强。

翻阅人类文明的历史长卷，从钻木取火到铁器冶炼，从工业革命到信息技术，每次文明的跃迁都伴随着科技的重大发展。科技创新是走向繁荣富强的立身之本，是在国际竞争中纵横捭阖的制胜之道。唯有以百折不挠的精神，扎实推进科技强国的建设，才能为伟大复兴奠定坚实的基础。

科技创新繁若星海，要面向中华民族伟大复兴构建大国创新版图，关键是要把握原创性、引领性科技攻关的重点方向，集中发力、重点突破。历史和现实充分证明，抓住能量、物质、信息这三个科技发展的"最基本命题"至关重要，这是抢占科技创新最前沿和制高点的关键。找准科技创新的重点方向后，还需要做足创新的要素保障，凝聚组合好人、资本和数据三大要素，方能打造强大的创新要素工场，让创新源泉充分涌流。而做好科技创新大餐的最后一步，就是成果转化。一切科技成果，只有完成从科学研究、实验开发、推广应用的三级跳，才能真正实现创新价值，实现创新驱动发展。

结语　未来已来

我们能想象没有电的世界吗?

我们正在使用的手机、电脑、电饭锅、汽车、地铁……所有需要用电的东西通通处于停摆状态。没有电,不仅我们的照明、交通出行、人际交往会出现问题,甚至我们的饮食、就医、穿衣等日常生活都无法继续,整座城市都将陷入瘫痪。人类已经习惯了电的存在,没有电的世界,人类将无所适从——而这些我们在数百年前是完全不可想象的。

电的发展就是科技发展改变人类生产生活方式的一个缩影。回望人类一路走来的历史,科技、人和社会之间形成了一种复杂的相互塑造的关系,经过漫长岁月,科技已然成为人类社会不可分割的一部分。科技发展不断揭示自然宇宙的奥秘,发现可为人类所用的物质能量，制造出便捷先进的生产工具，人类认识自然、改造自然和保护自然的能力大幅度提高，"可上九天揽月、可下五洋捉鳖"不再如梦似幻。科技发展重塑了社会生产关系，把普罗大众从神权、王权压迫下解放了出来，人类不再是神的仆人、王的奴隶，而是自己命运的主人。科技发展使人类越来越清楚地了解自己，从显微镜发明到青霉素研发，再到基因工程深入开展，我们逐步破解自身身体的密码。科学技术帮助人类解除土地和温饱的束缚，缔造了丰富的娱乐活动、高效的知识获取、便捷的生活服务，人类可以按照自己的意愿选择自己的价值实现形式，给生活提供了无尽的可能性和想象力。

时代大势浩浩汤汤，科学技术日新月异。当前，新一轮科技革命和产业变革进入历史窗口期，基础研究的深入和颠覆性技术的突破成为全球科技界的共同焦点，全球科技创新进入密集活跃期，人工智能、生命科学、新型能源等领域的高速迭代给各国带来了共同的机遇和挑战。那些可以想象到的、反复出现在科幻电影中的场景正在现实生活中一一印证，甚至曾经难以想象、将彻底转变认知的技术已然露出端倪。

站在人类历史的十字路口，大变革、大调整、大动荡、大治理的世界图景正在徐徐展开，唯有变化才是不变的真理。就像原子弹对于第二次世界大战的重要作用一样，科学技术的创新突破正是诸多变化中的决定性要素。面对充满希冀的曙光，我们需要通过追溯过去的蛛丝马迹，感受当下时空的星星之火，理智而清醒地把握科技创新未来趋势，然后以一种切实可行的应对策略来指引我们前进的方向。

愿以寸心寄华夏，且将岁月赠山河。和亿万献身祖国发展的热血青年一样，笔者团队怀着对祖国的赤诚之心，立足自身所学和丰富的实践背景，从近年来的科技"卡脖子"问题出发，认真分析全球科技创新的发展脉络和我国科技创新发展现状，为我们在全球科学技术竞争这场关乎中华民族前途命运的赛跑中拔得头筹提供微小的建议。

当然，受制于科技发展之玄妙、自身所学之匮乏，本书内容还有很多不足和不到位的地方，我们只希望以纸为媒、以文为介，和读者共同探讨、思考、畅想我国科技发展的未来，哪怕对诸位有任何一点激醒和启发作用，本书的写作初衷也都实现了。